다 치 지 않고
상 처 주 지 않고
말 하 는 기술

상대를 훅 끌어당기는 고품격 대화법
다치지 않고 상처주지 않고 말하는 기술

초　판 1쇄 발행 2018년 4월 30일
초　판 2쇄 발행 2020년 3월 20일
개정판 1쇄 발행 2024년 4월 30일

지은이 문석현
펴낸이 백광옥
펴낸곳 (주)천그루숲
출판등록 2016년 8월 24일 제2016-000049호

주소 (06990) 서울시 동작구 동작대로29길 119
전화 0507-0177-7438 팩스 050-4022-0784 카카오톡 천그루숲
이메일 ilove784@gmail.com

인쇄 예림인쇄 제책 예림바인딩

ISBN 979-11-93000-42-7 (13320) 종이책
ISBN 979-11-93000-43-4 (15320) 전자책

상대를 훅 끌어당기는 **고품격 대화법**

다 치 지 않고
상처주지 않고
말 하 는 기술

문석현 지음

청그루숲

들 어 가 며

"와, 정말 재미있겠는데요?"

　너무나 진하게 가슴을 울리는 소설이 있었는데, 그 책에는 어떤 커뮤니케이션 이론서보다도 훌륭하고 정확한 소통방법들이 들어 있었다. 서로 갈등관계에 있는 사람과의 대화방법, 지치거나 낙담한 상태에 있는 사람에게 힘을 북돋워 줄 수 있는 방법, 상대의 한마디나 사소한 움직임으로도 상대를 이해할 수 있는 방법 등이 소설 속에서, 소설만의 독창적인 스토리 안에서 아주 쉽게, 그리고 자세히 나와 있었다. 소설을 읽다가 이건 그냥 읽고 감동하는 것으로 끝나기엔 너무나 아까워 커뮤니케이션 수업에 적용했다.

　우선 학생들에게 소설 속의 한 장면을 소개하고 그 속에 숨어있는 커뮤니케이션 이론을 접목해 알려주었다. 소설의 한 장면을 감상하는 것만으로도 그 책을 다 읽는 것 못지않은 공감효과를 낼 수 있었다. 그런데 여기서 그치지 않고 등장인물들과의 대화를 통해 학생들이 생각하지 못한 딱딱한 이론들을 접목시켜 소개하니 그냥 간단한 예시를 통해 이론을 전해주는 것보다 훨씬 학생들의 이해와 습득이 높았다. 그렇게 수업을 마무리

하면서 "이렇게 해서 책을 하나 쓰면 어떨까?"라고 가볍게 반 농담을 섞어서 물어봤더니 학생들이 거의 합창을 하듯 대답한 말이 "너무 재미있겠어요"였다.

이때의 기억을 잠깐의 에피소드로 남기고 넘어갔지만, 그 기억은 내내 머리 한 귀퉁이에 남아 나를 괴롭혔다. 아마도 수업 때 보았던 학생들의 눈빛과 진지한 표정을 잊지 못해서였을 것이다. 책을 쓰기로 결심하고 본격적으로 각종 소설을 읽으며 내가 알고 있는, 그리고 새로운 이론들을 정리하면서 접목하기를 2년여, 드디어 결실을 맺게 되었다.

소설가 김영하는《읽다》*¹에서 '소설을 읽으면서 우리의 이성은 줄거리를 예측하고, 작가의 의도를 가늠하고, 인물의 성격을 우리가 알고 있는 현실의 누군가와 비교하기도 합니다. 반면 우리의 감성은 작가가 써놓은 적확하고 아름다운 문장에 탄복하기도 하고, 예리한 인물 묘사에 공감하기도 하고, 주인공이 처한 고난에 가슴 아파하기도 합니다'라고 얘기했는데 여러 소설들을 읽다 보니 나도 모르게 그의 말처럼 '기분 좋은 이성과 감성이 겸비된 정신적인 경험들을 차곡차곡 쌓으면서 나만의 고유한 내면을 쌓았을 수도 있었겠다'는 뿌듯한 생각이 들었다.

직업이 쇼호스트이다 보니 직업상 가장 먼저, 그리고 가장 중요하게 생각해야 할 것은 '사람에 대한 이해'이다. 상품을 아무리 잘 알고 있어도 그것을 사는 사람을 이해하지 못한다면 사막에서 우물을 찾는 것처럼 우매한 일이 된다. 그런데 '사람에 대한 이해'가 필요한 직업이 어디 '쇼호스트'뿐일까? 어찌 보면 '사람에 대한 이해'는 삶을 살아가며 같은 공기를 마시며 살고 있는 우리 모두에게 필요한 덕목일 수밖에 없다.

이 책은 '왜 남자와 여자는 말하는 법이 다를까?' '어떻게 하면 상처주지 않고 말할 수 있을까?' '어떻게 하면 저 사람과 친해질 수 있을까?' '어떻게 하면 멋진 나를 보여줄 수 있을까?' 등 총 4개의 장으로 구성되어 있다. 어느 소설이나 마찬가지겠지만 세상의 모든 소설에는 '문제'와 '갈등'이 존재한다. 그런 문제들과 부딪혀 가면서 소설이 전개되는데, 소설 속에 등장하는 사람과 사람과의 문제점들을 압축해 보면 대략적으로 이 4가지로 수렴되는 것을 알 수 있었다. 특히 네 번째 '어떻게 하면 멋진 나를 보여줄 수 있을까?'에서는 타인과의 소통도 중요하지만, 자신과의 소통이 무엇보다 중요하다는 것을 강조하고 싶었다.

이 책은 분명 형식으로 볼 때 기존의 자기계발서와는 확연히 다른 형식을 가지고 있다. 그래서 독자 입장에서는 더 신선하고 쉽게 내용을 습득할 수 있으리라 본다. 참고로 이 글들은 책으로 출간되기 전 포털사이트 '다음'의 '브런치'에 연재를 했었다. 기존에는 존재하지 않았고 누구도 시도하지 않았던 형식이었기 때문에 인터넷의 독자들이 낯설어 하지는 않을까 걱정을 했었는데 다행히도 연재 한 달만에 조회 수 1만회를 돌파하는 고마운 리액션을 받기도 했다. 그리고 그렇게 선택받은 글들이 책으로 여러분을 만날 수 있게 되어 저자로서 너무 기쁘다.

아무쪼록 독자 분들이 이 책을 읽으며 지금까지 알고 있었던 소통방법을 소설을 통해 더 확실하게 이해하고, 지금까지 몰랐던 부분이 있었다면 역시 예시된 소설을 통해 쉽고 재미있게 그래서 유쾌하고 즐거운 간접소통의 경험을 만끽하고 언제나 잊혀지지 않을 지혜로 남길 바란다.

모래 사장의 바늘처럼 아무도 알아보지 못해 자연스럽게 묻힐 뻔한 글들을 책으로 엮어 세상의 빛을 보게 해준 천그루숲의 백광옥 대표에게 감사의 말을 전한다. 그리고 마음 속에서 우러나는 진정한 눈빛으로 응원을 해준 학생들도 이 책의 일등공신이다. 언제나 노심초사 아들을 걱정하면서 응원해 주시는 부모님께는 무뚝뚝한 아들이 언제나 부끄럽고 죄송할 뿐이다. 누구보다 제일 먼저 이 책을 읽으실 두 분께 항상 감사드리고 사랑과 존경을 전한다. 마지막으로 그동안 소설 외에도 직간접적으로 나에게 적지 않은 영향과 영감을 준 주위 분들에게도 잊지 못할 은혜를 받았음을 감사하게 생각한다.

저자 문석현

CHAPTER 2 어떻게 하면 상처주지 않고 말할 수 있을까?

CHAPTER 3 어떻게 하면 저 사람과 친해질 수 있을까?

CHAPTER 4 어떻게 하면 멋진 나를 보여줄 수 있을까?

CHAPTER 1

왜 남자와 여자는 말하는 법이 다를까?

01
여자는 거울을 보는 만큼
'만약에'를 즐겨 말한다

#걱정 #만약에 #불안 #질문하기

'걱정은 우리에게 맡기시고 당신은 즐겁기만 하세요.'

걱정인형으로 유명한 모 보험회사의 광고 카피다. 개인적으로 볼 때 참 잘 만든 광고라고 생각한다. 사람들은 굳이 할 필요도 없는 걱정을 찾아서 고민하고 또 고민한다. 그리고 걱정한 대로 되지 않으면 크게 기뻐하면서 또 다른 걱정거리를 찾는다.

걱정을 즐기는 측면에서 보면 남자보다는 여자가 특히 더하다. 이 보험회사의 광고를 잘 만들었다고 하는 이유는 대부분의 보험 계약을 여자들이 하기 때문이다. 여자의 심리를 잘 다독여 주는, 평범하지만 멋진 광고인 것이다.

남녀가 데이트를 할 때 남자를 가장 당황스럽게 하는 대화는 사람마다 다르겠지만 아마 이 말이 아닐까 싶다.

"오빠 지금 무슨 생각해?"

"오빠 만약에 있잖아…"

이 두 가지 말은 무조건 베스트 5위 안에 들어갈 것이다. 그리고 이 두 가지 질문에 자연스럽게 넘어가는 법을 터득한 남자는 안타깝게도 별로 없는 듯하다.

"오빠 지금 무슨 생각해?"는 너무 다양한 반응이 나오는 말이니 건너뛰고, 여기서는 두 번째 멘트인 여자가 '만약에…'라는 단어를 즐겨 쓰는 이유에 대해 생각해 보자. 어쨌든 '만약에'도 걱정이 잔뜩 섞인 상태에서 조심스럽게 꺼내는 말이니까!

"자기야, 만약에 있잖아… 어머니랑 나랑 물에 빠지면 누구부터 구할 거야?"

"만약에 있잖아… 내가 먼저 죽으면 재혼할 거야?"

"만약에 있잖아… 우리 둘이 모두 회사를 그만두게 되면 어떻게 해? 돈은 어떻게 벌어?"

"만약에 있잖아… 내가 회사 그만둔다고 하면 어떡할 거야?"

남자 입장에서 보면, 정말이지 순간적으로 공간이동을 하고 싶은 말들이다. 현실에 밝은 남자들의 반응은 거의 다 똑같다.

"그런 걸 왜 물어봐? 말도 안 되는 걸."

이렇게 되면 얼마 지나지 않아 두 사람은 의도치 않은 말싸움을 하게 된다. 모르긴 해도 이런 '만약에…' 시리즈 때문에 곤욕을 치른 수많은 남자들이 지금 초집중을 하면서 이 글을 읽고 있을 것이다.

그렇다면 내가 지금 사랑하는 여인만 유독 '만약에'를 좋아하는 걸까? 아니다. 세상 모든 여자들은 '걱정'을 즐긴다. 그래서 '만약에'로 말을 시작하는 것 역시 더더욱 즐긴다.

* * *

이혜린의 소설 《열정, 같은 소리 하고 있네》에서 주인공 이라희는 개인적인 시간이라고는 1초도 허락하지 않는 신문사 연예부에서 인턴 기자로 일하고 있다.

나는 하루에 평균 5~10명의 사람을 새로 만나 명함을 주고받는다. 휴대폰 통화목록에는 하루 오십여 개의 수신, 발신 기록이 남는다. 1시간만 자리를 비워도 노트북 화면에서 메신저 대화 창이 열 개 가량 켜져 있다. 부장은 시도 때도 없이 내 이름을 불러대고, 매니저들은 밤 12시에도 전화를 해 안부를 묻는다.

이 정도면 숨쉬기도 바쁘다. 이런 와중에도 이라희는 새로운 걱정 시리즈를 쏟아내고 있다.

이 정도면 다음 출장에 날 빼진 않겠지? 중요한 기사를 물 먹이진 않겠지? 내 결혼식에 와주겠지? 나는 매니저와 마주 서서 다정하게 수다를 떨면서도 이딴 생각이나 하고 있다.

이 사람도 나와 비슷한 생각 중일 것이다. 이 정도면 내일 기사를 하나 써주겠지? 내 가수에 대해 나쁜 기사를 써야 할 때면 적어도 미리 전화 한 통은 해주겠지? 사장님한테 스포츠엔터는 접수했다고 보고해도 되겠지? …… '내가 이 일을 그만둬도, 계속 연락할 수 있을까?'

자신의 걱정도 모자라 상대방의 걱정까지 미리 예측하는 정성을 보여주는 이라희.

걱정 많은 여성을 상대하는 대화법

+

이정숙은 《눈치 없는 남자, 속 좁은 여자》[*2]에서 여자는 원시시대부터, 그러니까 적어도 100만 년 전부터 걱정을 만들어서 하는 존재였다고 말한다. 남자가 사냥을 위해 동굴을 나서면 여자는 아이와 함께 혹은 혼자 동굴에 남는다. 동굴을 든든하게 지켜주던 사람이 사냥을 위해 자리를 비웠으니 동굴은 오로지 여자 혼자 남아서 지켜야 한다.

남자가 없는 사이 동굴에는 비바람이 몰아칠 수도 있고, 맹수가 들이닥칠 수도 있다. 혹은 다른 부족에서 공격을 할 수도 있다. 그리고 비록 사냥을 나갔지만 빈손으로 올 수도 있으니 비상식량이라도 준비해 놓아야 한다. 또 무슨 일이 생길지 모르니 항상 주변 동굴이나 이웃과 돈독하고 긴밀한 관계를 맺어 놔야 한다. 그러니까 동굴을 관리하는 데 있어서 발생할 수 있는 모든 경우의 수를 다 파악하고 대비하고 있어야 한다. 그래야 무슨 일이 일어나도 대응할 수 있다.

이처럼 여자는 원시시대부터 이런 걱정을 하면서 100만 년 이상의 세월을 보낸 셈이다. 그러니 여자에게 이제 걱정은 어떤 특징이라기보다는 그냥 몸이나 뇌에 각인된 유전자라고 보는 게 이해가 빠를 듯 싶다.

결론적으로 말하면 여자는 그냥 걱정을 시작으로 하는 커뮤니케이션을 즐기는 존재라고 생각하면 된다. 그럼 남자 입장에서는 '걱정'이나 '만약에'에 대한 대응이 아주 쉬워진다. 같이 걱정하거나 되물으면 되니까!

"만약에 있잖아.. 우리 둘이 동시에 회사에서 짤리면 어떡하지?"

"응? 둘이 동시에? 우와… 진짜 큰일이다. 어떡하냐?"

이런 식으로 되묻거나 아니면 다음과 같이 마무리를 해주면 최상의 대응이라고 할 수 있다.

"그런 걱정으로 평소에 고민이 많았구나… 내가 미처 몰랐다. 내가 더 잘해서 고민 없게 해줄게."

하지만 대부분의 남자들은 예기치 못한 여자의 돌발 질문에 자신도 모르게 얼어붙거나 적절한 대답을 하지 못해 쩔쩔맬 가능성이 높다.

원래 대화의 주도권을 잡기 위해 가장 흔하게 사용하고 큰 효과를 볼 수 있는 방법이 '질문하기'다. 주도권을 더더욱 확실하게 잡기 위해서는 상대방이 제대로 대답하지 못할 질문을 골라서 하면 아주 큰 효과를 볼 수 있다. 예를 들면 '그밖에 또 어떤 방법들이 있을까요?'라는 질문을 하면 이미 상대는 내 질문에 대답을 한 상태인데 또 다시 번거롭고 껄끄러운 질문을 받은 셈이니 더 당황하게 된다. 그런 상대의 모습을 보면서 질문을 한 나는 심리적으로 안정감을 찾게 된다.

그런데 남자의 입장에서 여자가 느닷없이 '만약에'로 시작하는 질문은 대부분 상상도 못했던 질문일 가능성이 높기 때문에 쩔쩔맬 수밖에 없는 것이다. 이렇게 쩔쩔매거나 당황하게 되면 여자의 걱정은 더더욱 커진다. 그리고 어렵게 침착을 유지하면서 답변을 했다 해도 '그것 말고 또 다른 건 없어?'라고 추가 질문이 들어오면 식은땀이 나고, 대화는 더더욱 꼬여만 간다.

여자의 입장은 사실 나의 걱정이 이런 게 있는데, 이걸 어떻게 해결해 달라는 의미라기보다는 그저 갑자기 생각난 고민이나 걱정을 같이 고민하고 공감했으면 하는 생각으로 얘기한 것뿐인데, 어쩔 줄 몰라 하는 모습을 보이면 여자도 같이 당황하게 된다. 그러면서 또 다른 걱정을 만들어 낸다. '이 남자, 나를 사랑하지 않는 거 아냐?'

세상 그 어떤 위인도 한 여자의 개인적인 걱정을 해결해 줄 수는 없다. 그만큼 여자의 걱정은 버라이어티하고 한계가 없다. 남자가 할 수 있는 방법은… 글쎄 이건 방법을 찾는 문제가 아니라 이해하고 공감하는 게 우선이라고 본다. 여기까지 글을 찬찬히 읽었다면 여자의 걱정에 대해 감히 해결을 하겠다는 만용은 금물임을 충분히 이해했을 것이다.

02
확인하고 또 확인해야
마음이 풀리는 여자

#공감 #관심 #질문 #확인

　　TV홈쇼핑에서 새로운 상품을 론칭할 때에는 상당히 많은 시간과 노력을 들인다. 먼저 쇼호스트 · PD · MD가 모여 컨셉 회의를 진행하는데, 상품의 장점을 열거한 다음 그 장점들 중에서 어떤 포인트가 시청자에게 잘 전달될지를 치열하게 고민한다. 그리고 컨셉이 정해지면 또 그것을 잘 표현하기 위한 화면 연출, 구성, 코멘트 등을 기획한다. 물론 조금이라도 과장되거나 애초 기획과 다른 쪽으로 오해를 살 만한 요소들을 막기 위한 사전 심의도 꼼꼼히 체크한다. 이처럼 신규상품의 경우 이런 과정 등을 모두 확인하고 공유하기 위해 여러 차례 만나 회의를 하게 된다. 그런데 TV홈쇼핑 상품이 대부분 생활과 밀접한 관련이 있을 수밖에 없고, 거의 다 주변에서 익히 봐왔던 것들이기 때문에 밤을 세워가며 며칠씩 모여서 회의를 할 만한 상품은 거의 없다. TV홈쇼핑에서 우주선이나 비행기, 유전 같은 것을 소개할 리가 없기 때문이다.

그런데 이런 과정을 거치다 보면 사람에 따라, 성별에 따라 회의하는 스타일에 조금씩 차이가 보인다. 일단 꼼꼼하고 돌다리도 두드리며 건너가는 신중한 타입의 동료들은 같은 주제를 가지고 몇 번씩 회의를 한다. 십수 년 간의 경험을 토대로 감히 말하자면 특히 여자 동료들이 자주 만나거나 회의하는 것을 선호하는 편이다. 그래서 여자 PD나 MD와 같이 신상품을 론칭하게 되면 일단 마음의 준비를 하고 회의에 임하는 편이다. 열심히 상품 관련 미팅을 하고 나서도 "이번에는 여기까지 했으니 다음에 한 번 더 만나서 회의를 하시죠"라는 말이 어렵지 않게 들린다. 이때 "지금까지 얘기 많이 했으니까 바로 방송으로 들어가죠. 했던 얘기 또 할 필요는 없잖아요" 라고 말했다가는 큰 낭패를 보게 된다. 이런 식의 말은 여자에게 큰 상처가 될 수 있다.

같은 내용이라 할지라도 확인하고 다시 확인하고, 또 공유하는 커뮤니케이션 스타일은 여자만이 가지고 있는 가장 큰 특징이다. 그러니 여자가 한 번 더 만나서 여러 가지를 확인하고 공유하자는 말을 했을 때 거부를 하거나 그런 뉘앙스를 전달하는 것은 '나는 당신과 더 일하고 싶지 않다'는 강력한 메시지가 될 수 있는 것이다.

* * *

장강명의 소설 《한국이 싫어서》는 주인공이 한국에서 마이너로 남을 수밖에 없는 인생을 거부하고 가족과 남자 친구도 뒤로 한 채 호주로 이민 가는 과정을 그린 소설인데, 그 과정에서 나오는 에피소드도 재미있지만 여자에게 남자가 어떤 존재여야 한다는 주옥 같은 내용들도 많이 나온다. 우여곡절 끝에 호주로 취업 이민을 간 나(키에나)는 '댄'이라는 코카시언 남자 친구를 사귄다.

왜, 서양 애들 특유의 과장법. 그런데 좀 그 칭찬이 핀트가 안 맞아.

"키에나, 넌 참 아름다워. 정말 매력적인 '골드 스킨'을 갖고 있어."

어느 날엔 그렇게 말하더라. 내가 개보다 피부가 더 흰데, 백인 중에도 나처럼 피부가 흰 애는 거의 없다고. 내가 발을 꼬고 앉아 있을 땐 이렇게 말했어.

"넌 다리가 짧아서 귀여워."

니미 썅, 그게 칭찬이냐?

처음에는 그런가 보다 했는데, 너무 그런 말을 자주 하니까 나도 슬슬 이건 아니다 싶었지. 그날 하루 내가 겪은 일을 어렵게 영작해서 이야기해 주잖아? 그래도 "아, 너는 오늘 이런 기분을 느꼈겠구나"라고 받아주는 경우가 없어. 대신 내 머리칼을 만지면서 어쩌면 머리가 이렇게 부드러울 수 있는지 궁금해 하고, 피부가 어쩌면 이렇게 윤이 나느냐며 칭찬을 하는 거지.

여자는 답을 알고 있어도 또 묻는 것을 좋아한다

✚

《화성에서 온 남자, 금성에서 온 여자》의 저자 존 그레이는 《직장에서 만난 화성남자 금성여자》[*3] 라는 책에서 재미있는, 하지만 꼭 기억해야 할 통계를 소개했다. 회의시간이나 업무를 할 때 남녀는 같이 직장생활을 하는 상대방에 대해 이렇게 평가한다고 한다.

'남성의 72%가 여자들이 너무 많은 것을 물어본다고 말한다.'

'여성의 80%가 답을 알고 있더라도 질문하는 것을 선호한다고 말한다.'

내가 겪었고, 또 내가 힘들어 했던 고민들을 전 세계 거의 모든 남녀가 같이 겪고 있구나 생각하니 반갑기도 하고, 한편으로는 놀랄 수밖에 없었다. 한 쪽은 자꾸 반복해서 확인하고 싶어 하고, 다른 한 쪽은 한 번 정해지면 좀처럼 바꾸지 않으려고 하니… 이건 거의 강아지하고 고양이하고 대화하는 것과 다를 바 없다.

'칭찬은 고래도 춤추게 한다'는 말이 여자에게는 100% 적용되는 건 아니다. 대신 100% 적용되는 커뮤니케이션 수단은 '공감'과 '과정'이다. 특히 과정을 함께 공유하고 점검하는 건 여자에게 상당히 민감한 문제다.

묻고 또 묻고 다시 확인하는 여자의 대화방식은 우선 모두가 합의한 사실을 다시 확인하는 일차적 의미가 있고, 그리고 두 번째는 관심의 표현이다. 묻고 또 확인하는 것 모두가 관심이라는 의미다. '내가 이 일에 이만큼 관심이 많다' 혹은 '내가 당신이 하는 일에 관심이 많다. 도와주고 싶다' 이런 뜻으로 받아들이면 된다. 그리고 같은 내용인데도 "어떨 것 같아?" "어떻게 생각해?"라는 말을 거듭 듣는다면, 이런 말은 사실 여자 입장에서는 '나에게 관심을 보여주고 나를 도와줘!'라는 의미가 강하다고 할 수 있다.

이럴 때 남자의 대응은 질문에 대한 명쾌한 해답을 제시하기보다는 적극적으로, 그리고 세심하게 일하는 여자의 모습을 언급하면 된다. 결과보다는 과정이 중요하니까! 그래서 '역시 일하는 스타일이 정말 세심하시군요' '여기까지 재차 확인하는 모습을 보니 정말 진지하게 무엇이든 임하시네요' '와, 일할 때 모습이 정말 정열적이에요. 이렇게까지 차근차근 다시 짚는 모습이 참 좋아 보이네요'라고 표현하면 여자 입장에서는 '이 사람이 진짜 나의 모습을 알아보는구나'라고 뿌듯해 할 가능성이 매우 높다.

위 소설에서 과장법이 심한 서양 남자 댄은 여자 친구의 하얀 피부와 짧은 다리, 고운 머릿결에 한없는 칭찬을 늘어 놓을 게 아니라, 어렵게 어렵게 영작해서 풀어 놓은 그 얘기에 대해 과장을 해야 옳았다. 그랬다면 주인공은 정말 행복하게 호주 이민생활을 누리지 않았을까? 나의 참모습을 알아봐주는 남자가 곁에 있으니 말이다.

"너는 정말 세심하고 여린 성격이구나. 그런 일이 있었다니. 내가 미처 몰랐네. 그런 일을 견디는 너는 정말 아름다워."

"너처럼 섬세한 여자가 나는 참 좋아. 물론 기분은 언짢았겠지만. 그래도 이런 일을 참다니 네가 참 예뻐. 그래서 그 다음에 어떻게 됐어?"

소설은 이렇게 풀기 힘든 갈등관계에 대한 답을 보이지 않게 살짝 던져주기 때문에 더 재미있고 가치가 있다.

03
여자의 말만 따라해도
만사 OK!

#공감 #소통 #따라하기 #동질감

　흔히 여자를 잘 웃기는 남자가 미인을 얻는다고 한다. 100%는 아니더라도 거의 정확한 분석이다. 감정의 기복이 심한 여자에게 항상 웃을 수 있게 만들어 주는 남자는 전 세계를 통틀어 0.1% 정도도 없을 것이다. 웃기는 것도 어느 정도 친해진 다음에야 가능하지, 처음 보는 사람인데 그 여자를 웃길 수 있는 남자가 몇이나 될까? 그리고 웃기는 능력도 두뇌 회전이 뛰어난 수재급이라야 가능하다. 아예 능력이 안 되면 다른 방법을 찾아야 한다.

　너무나도 다행인 것은 크게 웃길 수는 없어도 입가에 엷은 미소만 짓게 해줘도 웃음 못지않은 호감을 얻을 수 있다. 그런 방법 중 하나! 여자가 했던 말을 그대로 따라만 해도 미소가 번지고 웃음이 난다.

"아, 염색이 잘못 됐나? 색이 너무 밝지 않아요?"

이런 질문이 여자에게서 나오면 대부분의 남자는 여자의 머리카락 색깔만 본다. 그 다음 "아뇨. 괜찮은데요" 식으로 나름 위로랍시고 할 것이다. 하지만 여자의 마음을 아는 사람은 다르게 얘기한다. 일단 여자가 말한 끝 부분을 받아준 후에 가볍게 농담을 섞어 얘기하면 여자는 웃음과 함께 걱정을 날려버린다.

"아, 나는 뭐가 잘못 됐나… 제 머리카락 색이 너무 하얗지 않아요?"

"음. 나는 다 잘못 됐어요. 인생이 너무 어두워요."

이렇게 말한 다음 '색이 오히려 밝아서 좋다' '그 정도면 준수하다' 정도로 마무리하면 상대로부터 훨씬 긍정적인 감정을 불러일으킬 수 있다.

여자와 대화할 때 가장 중요한 것은 그 여자가 했던 말이나 단어에서 대화의 키를 찾는 것이다. 그것이 바로 '공감'의 핵심이 된다. 상대가 했던 말이나 단어를 같이 반복 사용하면 나는 당신과 같은 감정을 공유하고 있다는 일종의 무의식적인 신호를 보내는 것이다. 그래서 여자에게 잡담은 절대로 잡스러운 것이 아니고 감정을 공유하는 아주 중요한 의식이다. 그리고 그 잡담을 통해 감정을 공유하고 그 다음엔 그들끼리 서로 편이 되고 서로 의지하게 되고 둘도 없이 친한 사이가 된다.

이렇게 여자에게 있어서의 공감은 남자 입장에서는 참 접근하기 어려운 난공불락의 과제이기도 하고, 다르게 생각하면 너무나 쉬운 커뮤니케이션의 방법이기도 하다.

남자 입장에서 여자의 공감력이 얼마나 의외인지 김애란의 소설 《두근두근 내 인생》을 읽다 보면 어느 정도 이해할 수 있다.

주인공 아름이의 부모는 고등학교 시절에 만나 17살에 아름이를 잉태했다. 다음은 아름이의 엄마 미라와 그녀의 단짝 친구 한수미의 대화다. 한수미는 미라가 대수(아름이 아빠)와 친해지고 더구나 그런 엄청난(?) 일을 벌인 과정이 너무나 궁금했다.

"미라야, 나 궁금한 게 있어."

"뭐?"

"넌 대수가 왜 좋았어?"

"어? 갑자기 얘가 왜 이래?"

"남자애들한테 아무리 대시 받아도 꿈쩍 안 했잖아. 그때 그 뭐냐, 농고 애가 약 먹었을 때도 가만 있었고, 그런데 대수랑은…"

어머니는 쑥스러운 듯 한 손으로 입을 가리고 웃었다.

"그게…. 그냥 서로 얘기하다가."

"얘기?"

"나도 걔 첨엔 별로였거든, 어쩌다 같이 말을 많이 하게 됐어. 성적 얘기도 하고, 집안 얘기도 하고… 근데 어느 날 걔가 그런 말을 하더라고, 학교로 돌아가고 싶지 않다고."

"그래?"

"응, 자기는 되고 싶은 것도 없고, 하고 싶은 것도 없다고 그랬어."

한수미가 눈을 둥그렇게 떴다. "근데 좋았어?"

"뭐가?"

"되고 싶은 것도 없고, 하고 싶은 것도 없는 남자가… 좋아? 그럴 수도 있어?"

어머니는 눈을 내리깔며 빨대로 복숭아에이드를 휘휘 저었다.

"응." "…. 왜?"

"나도 그랬으니까…." (중략)

"나는 대수가 꿈이 없어 반했던 게 아니고 꿈이 없는 척하는 모습에 마음이 끌렸던 거 같아. 그냥 걔 속에도 내게 있는 것과 비슷한 장롱이 하나 있는 것 같아서…"

소설이기도 하고 또 사춘기 소녀들의 대화여서 어느 정도는 감안해야 하는 것도 있겠지만, 이 대화에서도 여자들이 공감을 얼마나 중요하게 생각하는지 바로 알 수 있다.

여자와의 대화의 핵심은 동질감이다

+

여자들은 서로의 비밀 이야기를 서로 교환하면서 우정을 키운다. 사적이든 공적이든 여자와의 대화에 있어서는 어떤 느낌이나 인상 등을 공유하는 작업이 반드시 필요하다. 무언가를 공유하라는 말에서 갑자기 부담을 느낄 수도 있겠지만, 그 사람의 취향이나 취미를 함께 하고 혹은 성격까지 닮으라는 말이 절대 아니다. 여기서 강조하고 싶은 것은 상대방의 말을 그냥 따라하거나 반복하기만 해도 여자와 훌륭한 커뮤니케이션이 된다는 것이다.

남자들은 다음 글을 잘 보고 활용하시라.

"오빠, 나 오늘 홍대 앞에 갔었어." "아, 그래? 홍대 앞에 갔었어?"

"응. 나 거기서 수미 만났잖아, 정말 우연하게." "응. 수미 만났구나."

"응. 얼마나 반갑던지. 걔 얼굴이 확 달라졌더라?" "그래~? 얼굴이 확 달라졌어?"

"응응. 그리고 빽은 어찌나 비싼 걸 옆에 끼었는지. 진짜였을까?" "아~ 빽이 비싸 보였구나…"

이렇게 되면 여자는 신이 나서 그 다음 얘기를 이어가게 된다. 그러면서 스스로 자신의 감정을 추스르고 다독이는 과정을 겪는다. 모르긴 해도 이 여자는 자신의 남자 친구가 세상에서 가장 말을 잘하는 남자로 생각하고 있을 것이다. 단지 여자가 했던 말을 그대로 한 번 더 따라했을 뿐인데!

남자들은 위의 글을 아무리 읽고 또 읽어도 이해하기 힘들 것이다. 왜냐하면 보통의 남자라면 일단 홍대에는 갑자기 왜 갔는지가 궁금할 것이다. 그리고는 여자 친구가 하고 싶은 말은 뒷전으로 미루고 본인이 궁금한 것부터 대화를 시작하고 결국엔 비싸거나 사치스러운 친구는 거들떠도 보지 말라는 훈계 식의 대화로 마무리 될 가능성이 높다. 왜? 일단 남자는 누구든 '결론'이 중요하니까. 과정이야 어찌 됐든 뭐가 어떻게 결론이 났느냐가 커뮤니케이션의 중심이 되기 때문이다. 이런 식의 대화법은 인기 있는 남자가 되기 위한 방법으로는 상당히 곤란하다.

여자에게 인기를 얻기 위해 가장 중요한 첫 번째! 상대방이 여자라면 상대가 했던 말이나 단어를 이용해 다시 한 번 말해 보자. 휘황찬란한 미사어구는 의심을 사거나 독이 될 수는 있어도 '나는 당신의 지금 마음과 같은 상태이고 당신을 이해해요'라는 메시지를 전달할 수 있으면 아무리 대화하기 어렵고 다가서기 까다로운 여자라 할지라도 언젠가는 나를 보면 미소 짓게 된다.

04
여자는 무엇이든
돌려 말하기를 즐긴다

#소통 #감정조절 #염려 #걱정

인터넷에 떠돌아 다니는 '너만 모르는 남녀 언어 번역기'라는 글이다.

① "자기야~"의 속뜻은?

(女) 나는 ~~을 원해. (男) 그냥 부른 것임.

② "뭐 해"의 속뜻은?

(女) 너의 시간을 나에게 투자해. (男) 정말 뭐 하냐고 물어본 것임.

③ "휴~"의 속뜻은?

(女) 내 고민 좀 해결해 줘. (男) 그냥 한숨 쉰 것임.

④ "오늘 속상한 일 있었어."

(女) 내 편 들어줘. (男) 그냥 그렇다고.

⑤ "야, 말 걸지마!"의 속뜻은?

(女) 풀릴 때까지 달래주지 않으면 더 화낼 거야. (男) 진짜다. 말 걸면 죽는다.

⑥ "연락하지마!"의 속뜻은?

(女) 화 풀릴 때까지 1초라도 문자가 끊기면 우리 인연도 끝이야. (男) 레알 연락하면 죽는다.

⑦ "머리 좀 새로 할까?"의 속뜻은?

(女) 지금 이 상태도 예쁘다고 해. 당장. (男) 이런 거 절대 안 물어봄.

똑같지는 않더라도 누구나 한 번쯤은 반드시 겪어봤을 상황이다. 상황이 이 정도니 '금성 여자 화성 남자'라는 말이 나오는 것이다. 그런데 보면 볼수록 그냥 웃어 넘기기엔 너무나 절묘하게 아픈 무언가가 있다. 남자 입장에서는 이해할 수 없는 것 투성이다.

왜 같은 말을 두고 여자는 다르게 표현할까? 왜 여자는 있는 그대로 표현하지 않고 저렇게 돌려서 얘기를 할까? 왜 여자는 알아듣지 못하게 반대로, 혹은 반대 비슷하게 얘기하면서 그걸 이해하지 못하는 남자를 단순하다고 탓할까?

* * *

정이현의 소설《달콤한 나의 도시》에서 주인공 은수는 지금 태오와 집에 같이 있다. 태오를 좋아하긴 하지만 태오가 그녀의 집에서 나갈 생각을 하지 않자 불편해지기 시작한다. 태오와 같이 있는 것 역시 행복하지만 은수는 또 은수 나름대로 혼자만의 시간과 공간이 필요하다. 태오가 어떻게 보면

늘 혼자 지내는 데 익숙한 은수의 자유를 훼방하고 공간을 빼앗고 있는 셈이다. 빨리 태오가 나갔으면 좋겠다. 한참을 고민하던 은수는 어렵게 태오에게 나가달라는 말을 꺼낸다.

"내일 노는 토요일이지만 아침 일찍 나가야 돼. 친한 친구 웨딩 촬영이거든. 하루 종일 도우미 노릇 해주기로 했단 말이야."

그러나 태오는 내 말의 요점을 파악하지 못한 눈치였다. 뭐가 문제냐는 갸우뚱한 표정으로 나를 쳐다보았다.

"그러니까, 여기서 아침 일곱 시엔 나가야 된다고. 자기 잠들어 있을 텐데 혼자 놔두고 갈 순 없잖아."

쩜쩜하지만, 어물쩍 핑계를 만들어 붙였다.

"나도 같이 가면 되잖아요. 일곱 시? 나도 그때 일어날게요."

저 멀리 아득한 곳으로부터 비상경보음이 울려 퍼졌다.

섬세하고 예민한 여자는 말도 섬세하고 예민하다

✚

"그래서 결론이 뭔데?" 남자가 가장 많이 구사하는 말 중 하나다. 결과를 가장 먼저 생각하는 남자의 말 습관은 오랜 옛날 원시시대부터 형성되었다고 한다. 남자가 사냥을 하던 원시시대 때 남자는 짧고 분명한 커뮤니케이션을 했다면, 여자는 과연 어떤 커뮤니케이션을 했을까?[4]

여자는 기본적으로 원시시대 때부터 가정을 지키고 꾸리는 역할을 해왔다. 동굴에서 아이를 임신하고 낳고 양육하는 일을 맡았기 때문에 남자에 비해 아주 섬세하고 예민하다. 그래서 온도나 바람 등 외부환경의 변화를 감지하는 능력이 상당히 뛰어나다. 지금도 남자보다 여자가 날씨 예보에 상당히 민감하다. 만약 강수확률이 40%라고 하면 대부분의 여자는 우산을 챙기겠지만, 남자는 강수확률은 알 바 아니고 외출할 때만 비가 오지 않으면 무방비로 나간다.

여자는 이렇게 성격이 섬세하기 때문에 작은 일에 잔소리를 많이 하고 까칠하게 말하는 경우가 잦다. 섬세하기 때문에 작은 변화도 예민하게 받아들이고 그 변화가 신경 쓰여서 다소 날카롭게 반응할 수 있다. 그러면서 그 특유의 섬세 모드로 집에서 아이를 키우고 사냥 나간 남자의 휴식공간을 마련하고 편안함을 제공하기 위해 상당히 많은 노력을 기울인다. 쉽게 얘기하면 예민하고 날카로우면서도 가족을 위해 배려를 아끼지 않는 것이다.

그리고 이런 섬세한 성격에 더해 여자는 '감정조절'을 아주 옛날부터 터득해 왔다. 여자는 절대로 본인의 감정을 솔직하게 표현하지 않고 대신 에둘러서 말한다. 이 부분 때문에 현대의 많은 남자들이 애를 먹고 있는데, 이것도 당연히 이유가 있다. 여자는 남자가 사냥해 온 사냥감을 잘 손질해서 다음 사냥까지 먹을 식량을 준비해야 한다. 그러다 보니 남자가 사냥을 하다가 다치거나 목숨을 잃으면 자신의 생존도 당연히 위협을 받는다. 그래서 남자가 사냥을 나가기 전에는 절대로 감정의 동요를 일으키지 않도록 분노나 슬픔 등 부정적인 감정을 표현하지 않아야 했다. 대신 돌려서 말하는 태도를 갖는다.

여자들은 이런 배경으로 말미암아 변화무쌍한 환경 속에서 아이들을 지키고 식량을 구해 오는 남자의 감정을 눈치껏 살펴서 안전할 때만 본인의 감정을 표현하도록 길들여져 왔기 때문에 중요한 말도 빙빙 돌려서 말하고, 참았다가 나중에 은유적으로 표현하고, 사소한 것이 큰 문제로 번지지 않도록 미리미리 시시콜콜 설명하는 커뮤니케이션 태도를 만들게 됐다. 그리고 언제나 무슨 일이 일어날지 모르기 때문에 늘 앞서서 걱정하는 사고방식까지 덤으로 형성한다. 그러니 여자의 조심스러우면서도 에둘러 말하는 표현 스타일을 남자가 바로 알아듣는다면 그것 자체가 미스터리 할 수도 있는 것이다.

현대 사회에서 남녀가 따로 존재하는 사회는 특수한 곳 말고는 거의 없다. 여자의 사회 진출이 보편화되면서 남자는 싫든 좋든 여자와 서로 부대끼면서 살아야 한다. 그런데 같은 언어를 사용하고 같은 사람인데도 살다 보면 전혀 상대를 이해할 수 없는 상황과 맞닥뜨리는 경우가 왕왕 있다. 이런 상황에서 여자가 왜 그렇게 표현할 수밖에 없는가에 대한 역사적(?)인 이해가 선행된다면 혼자 속만 끓이거나 대화 자체를 포기하는 일 없이 아주 깔끔한 커뮤니케이션을 만들 수 있다. 역시 원활한 커뮤니케이션이나 소통을 위해서는 잘하기 위한 방법보다는 미처 몰랐던 상대에 대한 이해가 선행되어야 하고, 결국 그것이 나에게 강력한 소통의 무기가 될 수 있다.

05
여자의 잔소리와
남자의 자존심

#충고 #잔소리 #자존심 #질문

　마음 속으로는 '하지 말아야지. 이제는 절대로 하지 말아야지'라고 다짐하면서도 어느 순간 자신도 모르게 속사포처럼 쏟아져 나오는 게 잔소리다. 같은 칭찬을 여러 번 들어도 귀에 딱지가 앉을 판인데, 같은 잔소리를 계속 반복해서 들으면 모두들 경험해 봤을 테지만 뇌에 지진이 난다. 어느 분은 '선의의 잔소리' '다 잘되라고 하는 얘기'라고 할 수도 있겠지만, 향기 나는 오물이 없듯이 '선의'와 '잘되라'는 말과 '잔소리'는 결코 양립할 수 없다.

* * *

　은희경의 소설《행복한 사람은 시계를 보지 않는다》에서는 낙천적이며 유머가 많았으며 고등학교 시절엔 밴드부까지 하며 활동적이고 외향적이었던 주인공의 아버지가 집에서는 점점 말수가 줄면서 어머니의 표현대로면 '폐병 환자'처럼 폐쇄적인 사람으로 변한다. 그러다 돌연 환갑이 다 된 나이에 새로운 사랑을 찾았다며 어머니에게 이혼을 선언한다. 아버지는 집을 떠나며 어머니에게 폭탄선언을 한다.

"당신이 싫은 게 아냐. 이곳에서 나는 빛 바랜 달력 같아. 하지만 그녀와 함께 있을 때는 새로운 인생을 느껴."

이 부부가 이렇게까지 된 데에는 여러 가지 문제가 있었겠지만 '빛 바랜 달력'이라는 아버지의 말을 놓고 곰곰이 생각해 볼 때, 어머니의 적극적인 대화방식에 많이 질려 있었던 것은 아닐까? 어머니가 아버지에게 자주 했던 적극적인 대화를 소설은 이렇게 말하고 있다.

"집에 들어왔으면 옷부터 갈아입어요. 옷도 다 사람 같아서 정을 줘야 은혜를 갚지 주인이 그렇게 고랑죽을 만들면 아무리 손질해도 뽄이 안나요. 저것 봐요, 안경을 또 방바닥에 벗어놓네. 잠깐이라고 주의 안 하면 일은 꼭 그런 때 나는 거예요. 지난번에도 옷 갈아입다가 당신 발로 밟은 거 기억 안나요? 저고리 이리 주세요. 아이고, 호주머니 속에 동전이 이렇게 많으니까 옷이 무겁지. 무조건 종이돈 주고 나서 거스름돈 받으면 세어보지도 않고 쑤셔넣는 습관, 그것도 다 성격하고 관계가 있어요. 귀찮다고 당장 편한 것만 취하는 것처럼 미련한 게 어딨어요. 길게 보면 그런 게 다 손해라구요. 사람이 두루두루 생각해야지 어떻게 코앞에 닥친 것밖에 못 봐요. 아, 왜 방으로 들어가요? 아이들 뭐하나 좀 거두기도 하고 마당에 풀 자란 것도 살펴보고 그래야지, 폐병 환자도 아니고 혼자 방안에 틀어박혀 있으면 아이들이 뭘 보고 아버지 본을 받겠어요. 그나저나 이 방에서는 담배연기 빠질 날이 없어, 저 저, 방바닥으로 재 떨어지겠네, 재떨이를 앞에 챙겨놓은 다음에 담뱃불을 붙이라고 그렇게 신신당부를 했건만, 그리고 그 땅 말예요. 등기 떼어오는 거 안 잊어버렸죠? 어디 좀 봐요. 이 양복 주머니 속에 들었어요? 쯧쯧, 이놈의 동전이 걸거쳐서 찾지도 못하겠네. 이러다 주머니 뜯어져서 중요한 거 잃어버리기 딱 좋지. 하찮은 것 같아도 습관 하나 고치고 못 고치고에 팔자가 바뀌기도 하는 법인데 당신은 매사가 그 모양이야. 아이고, 저 봐요. 기어코 재 떨어졌잖아요! 우리 집은 애고 어른이고 내가 안 챙겨주면 하는 짓이 똑같다니까!"

아버지가 말이 점점 없어지는 이유가 어디에 있었는지 확연히 알 수 있지만, 더 확실하게 예측할 수 있는 건 아버지의 말이 점점 줄어들수록 어머니의 잔소리는 양이 더 많아지고 목소리도 더 커졌을 것이다. 그리고 점점 더 부정적인 말들이 압도적으로 많이 쏟아졌을 것이다. 이 부분에서 여자들은 속으로 격하게 반대를 하고 있지 않을까?

'누가 그런 악역이 되고 싶어서 그런 줄 아나? 다 잘되라고 얘기하는데 잘 안 고쳐지니까 그런 거지. 다 자기 할 일 알아서 척척 해 봐. 누가 잔소리를 해?'

백 번 옳은 말이다. 그런데 여기서 강조하고 싶은 건 남녀 간의 대화에서 생길 수 있는 문제인데, 여자 입장에서 아무리 기분 좋게, 그리고 100% 선의로 하는 충고라도 남자는 때로는 언짢게 받아들일 수 있다는 점이다.

여자의 잔소리를 대하는 남자들의 공통심리

+

일단 여자는 남자들에게 그들의 요구나 기대를 넘어서는 과도한 충고를 하거나 너무 비판적으로 지적을 하는 건 상당히 위험한 일이라는 걸 알아야 한다. 여자 입장에서는 무언가 잘 되고 있더라도 그 상황에서 더 나아지게 하고 싶어 하는 경향이 강하다. '무엇이든 언제나 더 나아질 수 있다'는 믿음이 항상 존재하기 때문에 남자에게 요구하는 것이 점점 많아지는 것이다.

반면 남자들은 간단하게 말하자면 '고장 나지 않았으면 고치지 말라'가 가장 크고 확고한 성향이다. 그래서 남자는 여자의 대화 스타일 중에서 '그게 아니라 이게 맞다' '그런 건 안 되고 이렇게 고쳐라' 식의 말을 상당히 거북해 한다. 그래서 사랑하는 남녀가 결혼을 하면 가장 먼저 현실을 깨닫고 커뮤니케이션의 한계를 느끼는 게 바로 이런 부분이다.

'양말이나 속옷 같은 빨래를 꼭 뒤집어서 빨래 통에 넣는 걸 그렇게 잔소리해도 말을 안 듣더라'고 푸념하는 쪽은 여자요, '그냥 넣으나 뒤집어서 넣으나 어차피 빨래하는 건 똑같은데 왜 그걸 사사건건 잔소리하는지 모르겠다'고 하소연하는 쪽은 남자이다. 이럴 때는 '이것은 잘못됐으니 이렇게 고쳐라'가 아니라 '다 좋고 사랑스런 남편인데 요거 하나는 아쉽더라'고 말했다면 분명히 다른 결과를 가져오겠지만 생각처럼 쉬운 것은 아니다.

아무튼 결론적으로 말했을 때 여자는 먼저 상대 남자의 좋은 점이나 노력의 가치, 이런 것들에 대해 높게 평가를 해준 다음에 뭔가 개선책을 제시하는 것이 필요하다. 그리고 남자의 노력에 잘못된 점을 지적하기보다는 그 노력을 지지해 주는 것을 먼저 전달하는 게 최상의 대화법이다.

무엇보다 자존심을 중요하게 생각하는 남자는 상대 여자가 나에게 지적을 한다고 느끼는 순간부터 바로 귀를 닫아버리고 말수가 줄어든다. 하지만 반면에 상대 여자가 나를 개선시키려 하지 않는다는 게 느껴질 때 남자는 더 적극적으로 상대 여자의 아이디어를 물어보고 충고를 받아들인다. 이런 성향은 남자들이 혼자 일을 처리하는 것하고 일맥상통하는 게 있다. 대부분의 일을 혼자 고민하고 혼자 처리하는 것이 몸에 배인 남자들에게 누군가 '이렇게 해라' '저렇게 해라'고 충고하는 것은 충고가 아니라 지적질이고 강력한 도전으로 받아들인다. 여기서 남자는 자존심에 심한 상처를 받을 수도 있다. '나를 무시하는 건가?' 혹은 '나를 못 믿고 저런 말을 하는 걸까?'라는 생각이 저절로 든다.

그렇기 때문에 여자 입장에서 상대 남자에게 충고를 하는 것은 상당히 조심스러워야 하겠지만, 질문을 할 때도 마찬가지로 조심스럽게 접근하는 것이 좋다. 남녀가 함께 일하는 어려움에 대해 말할 때 남자들이 가장 힘들어 하는 것 중 하나가 꼬치꼬치 캐묻는 여자들의 질문 성향이다. 여자는 많은 질문을 통해 문제점을 새로 발견하고, 그러면서 서로 협동하는 것을 확인하면서 무엇보다 최선의 결과를 만들기 위한 과정이라는 것을 강변하겠지만 역시 많은 질문은 자칫 남자에게 부정적인 인식을 심어 줄 수 있기 때문에 조심할 일이다.

무엇보다 중요한 것은 여자가 남자에게 질문이나 충고를 해야 한다면, 그 전에 간단하게나마 긍정적이고 낙관적인 말을 전하라. 그렇다면 남자에게 아주 좋은 반응을 얻을 수 있고 남자는 진심으로 상대 여자의 말을 받아들이게 된다.

"제발 날 바꾸거나 고치려 들지 않았으면 좋겠다."

"나를 있는 그대로 존중해 줬으면 좋겠다. 나를 개선시켜야 할 대상으로 여기지 말아달라."

이런 생각은 전 세계 남자들의 똑같은 생각이다. 이런 느낌을 배제하고 의견을 제시할 수 있다면 남자들은 여자의 그 어떤 충고나 심지어 지적도 흔쾌히 받아들일 뿐만 아니라 최상의 파트너로 인정하게 된다.

06
남자와 여자의
허풍은 다르다

#자존심 #감정 #과장 #집착

　인터넷에 떠도는 글 중 재미있는 것을 발견했는데, 그냥 웃어넘기기에는 좀 무게가 있는 내용이어서 함께 생각해 보고자 한다. 'SNS 허세 ○○○의 특징'이라는 제목으로 32가지의 글이 있는데 그 중 몇 개만 추려서 소개하면 이렇다.

　'뭔 놈의 상 종류가 그렇게 많은지, 이 달의 우수사원상, 출근상, 뭔 상 뭔 상, 인증사진 무조건 필수'

　'계약 건수 3건 따내면 주는 트로피 사진. 늘 인스타/카카오스토리/페이스북에 도배하기 바쁨'

　'계약도 1등, 출근도 1등, 가장 늦게 퇴근하기도 1등, 죄다 다 1등인데 대

체 2등은 어디 있는지 보이지도 않음'

'개나 소나 최연소 타이틀에 부지점장, 지점장임'

'페이스북 보면 '100% 고객님과의 소중한 계약'이라며 악수 사진 혹은 같이 촬영한 사진 있음'

'무슨 카페 등에서 남녀 8:2 비율로 정장 입고는 '오늘도 팀 전원과 함께 하는 즐거운 티타임'이라며 사진 찍어 올림'

대충 이 정도인데, 여기서 짚고 넘어가고 싶은 것은 '허세'나 '과장'에 대한 것이다. 제목은 '○○○의 특징'이지만 내용을 보면 여자보다는 남자의 특징을 꼬집은 것을 바로 느낄 수 있다.

김중혁의 소설《나는 농담이다》에서는 이런 과장하기 좋아하는 남자에 대해 표현한 글귀가 있는데, 아주 재미있으면서도 날카롭다.

* * *

우주복을 입으면 소변을 담는 봉투도 착용하게 된다. 우리끼리 '페니스 기저귀'라고 부르는 물건이다. 페니스 기저귀의 크기는 세 종류다. 스몰, 미디엄, 라지. 나는 좀 예외였다. 나는 라지로도 감당이 안 되는 바람에 엑스라지를 추가로 주문했다. 하하하. 별론가? 재미없나? 모두들 라지를 선호하긴 한다. 미디엄으로도 충분한 사람들이 어째자고 자꾸 라지를 찾는 건지.

남자들이란 원래 그렇게 한심한 족속들이다. 외계인들에게 한마디만 전하려면, 지구에 가게 되더라도 남자는 믿지 마라. 뭐든지 크게 부풀리고, 과장하고, 거짓말 하는 족속이니까 그들을 믿으면 안 된다.

남자는 '결과물'에, 여자는 '감정'에 집착하고 과장한다

+

기본적으로 남자는 결과를 중요하게 생각한다. 그래서 빙빙 돌려서 말하는 방법에 대해 상당히 거북해 한다. 꾹 참고 얘기를 듣다가도 결국엔 "그래서 결론이 뭔데? 결론부터 얘기해 봐!"라고 말하는 경우가 대부분이다. 이렇게 결과를 중요하게 여기기 때문에 결과뿐만 아니라 결과물에 대해서도 상당한 의미를 둔다. 생각해 보면 이것도 당연하다.

남자들은 틈만 나면 자신의 모든 것을 자랑하고 싶어 하고 또 그것을 과장해서 표현하는 데 전혀 거리낌이 없다. 그러면서 그것에 대한 반응 역시 엄청나게 기대한다. 반응이 많을수록 그것도 능력치를 과시하는 것이기 때문이다. 얘기를 못해서 안달이 나면 났지 '내가 너무 과하게 표현했나?'라는 고민을 하지 않는다. '자신이 하는 일' '그 일을 통해 얻은 상, 등수' '자가용' '의상' '수입' '사는 집' 등 남자를 둘러싼 모든 것들이 사실 따지고 보면 그 사람의 능력을 보여주는 것이고, 원시시대로 돌아가서 얘기하자면 그 모든 것들이 다 사냥의 획득물인 셈이다. SNS에 사진이나 글을 올리는 정도의 차이가 남자들마다 약간씩 차이가 있겠지만, 기본적으로 남자는 자신의 능력을 필요 이상으로 오버하는 경향이 짙다.

이렇게 결과물에 지나치게 집착하고 과장하는 남자에 비해 여자는 자신의 감정이나 해석 등에 지나치게 집착하고 과장한다. 여자들이 올리는 SNS 내용을 보면 '오늘은 우울한 날 ㅜㅜㅜ… 하지만 달콤한 카라멜 마끼아또 덕에 우울함이 싹 사라짐' '네일 케어 받고 기분 업됨 ㅋ ㅋ' 식의 글들이 많고, 유독 음식이나 음료 사진이 많다. 이것 역시 맛있거나 모양이 예쁜 음식을 맛보고 좋아진 기분을 표현한 것이다.

　이렇게 확연하게 다른 남녀의 과장 특징은 결국엔 커뮤니케이션의 충돌을 야기할 수 있는 빌미가 될 수 있다. 무엇이든 못하는 게 없을 것 같이 과장하는 남자를 보고, 여자는 감정이 과장되면서 "언제는 못하는 게 있기나 했어?"라는 식의 다소 날이 선 말을 할 때가 있다. 그럼 남자는 자존심에 큰 상처를 받게 되면서 '내가 하는 건 무조건 못마땅하고 내가 우스운 거지'*⁵ 식으로 해석을 할 가능성이 높다. 여자는 그저 오버하지 말라고 했을 뿐인데 말이다. 반대로 감정을 과장하거나 확대하는 성향을 가진 여자에게 남자가 "너는 왜 맨날 그렇게 우울하니?"라는 말을 아무 생각 없이 하면 대형 사고를 피하기 어렵다.

　남자가 과장을 하면 여자는 '이 남자가 나에게 자신의 능력을 인정해 달라고 어리광을 피우는구나'라고 귀엽게 봐주면 된다. 그 정도가 심하다면 상대의 자존심을 건드리지 않고 차분하고 침착하게 조언을 해주는 것이 좋다. 반대로 여자에게 남자는 상대의 감정이나 느낌에 같이 발을 맞춰주면 된다. '그랬구나~ 힘들었겠네' '나는 네 편이야'의 느낌만 심어주면 최상의 커뮤니케이션이 될 수 있다.

　다시 한 번 말하자면 남자는 본인이 잘난 것을 굳이 스스로 과하게 강조하지 않는 게 좋다. 자칫 가벼운 사람으로 보이기 쉽다. 그 대신 남자인 내가 나의 공적이나 모든 것을 과장하고 싶어 하는 만큼, 여자는 자신의 감정을 본능적으로 과장하고 주위에 알리고 싶어 하는 욕구가 강함을 기억해야 한다. 서로의 기본적인 커뮤니케이션 욕구를 이해하지 못하면 결국 서로의 자존심에 상처를 주고받는 결과만을 초래할 뿐이기 때문이다.

07
상대의 마음을 사로잡는
'따라하기'

#따라하기 #공감 #관심 #경계

　〈접속〉은 1990년대 후반 PC통신을 소재로 남녀 간의 애틋한 사랑을 그린 영화다. 요즘 같은 스마트폰 시대에 PC통신이 좀 유치하긴 하지만, 남녀 간의 사랑도 이별도 참 쉽지 않다는 것 그리고 운명적인 사랑이 주는 애틋함을 보여주면서 많은 사람들의 가슴을 적셨던 아름다운 영화다. 기억도 가물가물한 20년 가까이 지난 영화를 굳이 꺼내는 이유는 아직도 생생하게 기억에 남는 한 장면(scene)이 있기 때문이다.

　주인공이었던 수현(전도연)이 친구의 애인인 기철(김태우)을 짝사랑하고 있었는데, 친구의 집들이에서 수현이 아파트 현관에 있는 기철의 구두를 보고선 그 구두에 아무도 모르게 본인의 발을 집어 넣고 흐뭇해 하는 장면이었다. 당연히 여자의 발이 남자의 구두에 맞지도 않았고, 엄청나게 큰 신발에 본인의 발을 넣으면서 좋아라 하는 주인공의 표정이 도저히 이해가 가지 않았다. 오로지 내 머릿속엔 '저 신발에 발 넣었다가 무좀이라도 옮는 거 아니야? 냄새도 많이 밸 텐데?' 그 생각뿐이었다. 그리고 '저걸 남자가 보면 더 싫어할 수도 있는데'라는 걱정마저 들었다. '그런데 저걸 도대체 왜 하는 거지?'

그 이후 오랜 시간이 흘렀고 문득 부모의 행동을 그대로 따라하는 아이들의 행동을 보면서 뭔가 느낌이 왔다. 아이가 부모의 행동을 그대로 따라하면 부모는 그 모습에 반색을 하며 기뻐한다. 그러면 아이는 또 뭔가 흉내낼 것을 찾아서 또 다른 것을 보여준다.

사람의 뇌에는 '거울 뉴런'이라는 것이 있다고 한다. 그래서 나도 모르게 내 앞에 있는 사람의 얼굴 표정을 자동적으로 따라하게 된다. 아이의 입장에서는 절대자인 부모의 사랑을 받기 위해 자신도 모르게 부모의 행동을 따라하는 것이 아닐까? 물론 유전적인 특징도 있을 수 있겠지만 유전자를 그대로 물려 받았다고 해서 행동과 말투까지 그대로 따라할 수는 없을 것이다.

이렇게 생각하니 영화〈접속〉에서 좋아하는 남자의 구두에 자신의 발을 집어 넣었던 여자의 심리에 대한 궁금증이 아주 시원하게 해결되었다. 여자는 일종의 '따라하기'를 한 셈이다.

'나도 그 구두를 신고 그와 같은 사람이 되고 싶다.'

'그가 하는 것은 모두 다 나도 따라하고 싶다.'

'그가 하는 것은 모두 다 나도 하고 싶다.'

이런 욕망의 표현이 아니었을까? 그렇게 생각하고 나니 오히려 그 영화에서 짝사랑하던 남자가 그 모습을 보지 못했던 게 아쉬웠다. 그럼 영화는 아예 다른 방향으로 흘러갔을 테니까. 하지만 이렇게 스토리에서 애틋함과 아쉬움이 있었기 때문에 더 많은 사람이 공감했고, 영화가 히트했을 것이다.

* * *

한은형의 소설 《거짓말》의 주인공 하석이는 아주 맹랑하고 성숙한 여고생다. 고등학교에 입학하기도 전에 세계명작들을 두루 섭렵한 책벌레이고 중학교 때는 내내 전교 1등을 한 아이다. 그런데 고등학교의 답답함과 이런저런 일들로 현실에 적응을 못하고 방황하던 중 남자 아이와 교실에서 알몸으로 잠을 자다 걸려 더 답답한 규칙의 학교로 전학을 가게 된다. 또 자살 방법을 수집하는 '자살 수집가'이기도 하다. 이런 캐릭터의 아이가 또래 친구들과 친해지기는 쉽지 않다.

늘 말수도 없고 뭔가 도도한 느낌을 주는 하석이. 그 하석이를 몰래 흠모하는 룸메이트. 그러다 어느 순간부터 룸메이트가 하석이를 차갑게 대하고 이상한 소문을 내면서 하석이를 '왕따' 시킨다. 하석이가 룸메이트에게 따지듯이 물었다.

"너, 그래서, 나, 기분, 나쁘라고, 나를, 따라, 한, 거야? 내가 너한테 한 것을 흉내 내서 한 번 당해 보라고? 그런 거야?"

나는 이해력이 떨어지는 룸메이트를 위해서 어린아이에게 설명하듯 차근차근 말했다.

"꼭 그런 것만은 아니야."

"그러면?"

"말하고 싶지 않아."

"듣고 싶은데?"

나는 룸메이트를 바라보고 있었다. 그 애의 입술이 벌어질까 궁금해하면서.

룸메이트는 세차게 고개를 저었다.

"듣고 싶은데?"

나는 다시 말했다. 그래도 아무 말이 없어 "그럼 어쩔 수 없지" 하고 한발 물러

났다. 하지만 그 애가 뭐라고 말하고 싶은지는 계속 궁금했다.

"너처럼 말하면 어떤 기분일지 궁금했어."

드디어 나온 룸메이트의 말에, 나는 웃어 버렸다. 그리고 다행이라는 생각이

들었다. 이 애도 다른 애들처럼 나를 무시하기로 한 게 아닐까 생각했기 때문

이다.

"이럴까봐 내가 얘기 안 한다고 한 거야."

"미안."

미안했다. 어쨌든. 이 애는 아직은 나를 무시하지 않고 있으니까.

"또 웃네. 웃지 마. 기분 나빠."

"그래, 미안."

그래도 웃음이 나왔다. 그러니까 애는 나를 닮고 싶었던 것이다. 누군가가 나

를 닮고 싶어 하는 건 기분 좋은 일이다. 내가 아무리 냉랭한 사람이어도 이런

일이 생기면 몸이 따뜻해지는 기분이다. 중심에서 시작된 열기가 온몸으로 퍼

지면서 손끝과 발끝이 저릿저릿해진다.

'당신을 닮고 싶어요'의 위력

+

어떤가? 수많은 커뮤니케이션 책들에서 상대의 마음을 사로잡는 방법에 대해 설명하고 있지만 이보다 더 간략하고 명쾌하게 방법을 제공하는 글을 본 적이 없다.

'누군가 나를 닮고 싶어 한다는 것을 아는 순간 몸이 따뜻해지면서 손끝과 발끝이 저릿저릿해진다.'

사춘기 소녀들에게만 해당되는 것이 아니다. 상대방의 경계를 허물어트리고 더불어 호감과 관심을 얻는 '따라하기' 방법! 아무리 철벽 같은 남자(여자)라 할지라도 그 사람의 사소한 억양이나 말투 · 습관 · 행동 등을 그 사람 앞에서 따라해 보라. 우연인 것처럼. 그리고 반복하라. 그럼 철벽 같은 성은 조금씩 균열이 가다가 한순간에 무너진다.

단 한 번을 만나더라도 쉽게 상대를 사로잡는 필살기 하나는 제대로 장착한 셈이다.

08
놀이공원보다 더 좋은
데이트 장소가 있다

#흥분상태 #피곤한_상태 #심신_방전 #야근

어색한 두 남녀가 급속도로 가까워지기 위한 데이트 코스로 에버랜드나 롯데월드 등이 꼽힌다. 이런 놀이공원에서 롤러코스터와 같이 과격한 기구를 타면 심장 박동이 빨라지면서 흥분상태가 된다. 이런 흥분상태에서 갑자기 고백을 하면 상대가 사랑을 받아들일 확률이 높다는 것이다. 실제 한 실험에서 처음 보는 한 쌍의 남녀에게 높은 곳에 있는 다리를 나란히 건너게 한 후 서로에 대한 호감도를 조사했더니 낮은 곳에 있는 다리를 건넜던 커플보다 훨씬 높게 나왔다는 연구도 있다. 그래서 많은 사람들이 사랑의 성공을 위해 이미 시도를 했거나 지금도 하고 있을 것이다.

긍정적인 감정이나 행동을 만들려면 의식적으로라도 내가 평소에 미소를 자주 짓거나 크게 웃는 습관을 들이는 것이 중요하다. 소프트웨어를 바꾸기 전에 하드웨어부터 바꾸면 자연스럽게 소프트웨어가 그렇게 만들어진다는 논리인데, 사랑의 감정도 마찬가지이다. 일단 상대에게 호감을 느끼면 심장 박동수는 올라간다. 그렇다면 반대로 미리 심장 박동수를 올려놓고 상대를 바라본다면? 이미 심장은 크게 뛰고 있는 상태에서, 다시 말해 흥분을 하고 있는 상태이기 때문에 늘 무심하게 바라보던 상대가 다르게 보일 수 있다는 얘기다.

그런데 평소 심장 박동이 안정적이던 사람이 갑자기 빨라지고 흥분상태가 된다는 것은 신체가 비정상적으로 진행되고 있다는 얘기다. 그렇다면 적어도 과학적으로는 사랑에 빠진다는 것 자체가 심신의 균형이 깨진 상태라고 보면 된다.

사람이 누군가에게 호감을 느끼면 동시에 도파민이 분출되며 온통 세상이 아름답게 보이고, 스트레스도 사라지면서 두통·치통 등 각종 통증도 말끔하게 사라진다. 그러면서 본격적으로 페닐에틸아민이 분수처럼 솟는다. 상대의 모든 행동이 아름답고 사랑스럽게만 보이는 시기다.

여자 입장에서 봤을 때 남자의 매너가 없는 것도 터프해 보이고, 고집이 센 것도 자기 주관이 뚜렷한 것으로 보인다. 양말을 벗어 아무 데나 던져놓아도 용서가 되고, 내 취향을 고려하지 않은 채 자신이 보고 싶은 영화, 먹고 싶은 음식만 앞세워도 서운치가 않다.[6] 내가 아는 어떤 여자는 사무실에서 낮잠을 자는 남자 선배의 속눈썹에 반해 짝사랑에 빠졌다는 황당한 얘기도 했다.

다시 한 번 강조하지만 사랑에 빠졌다는 것은 심신의 상태가 정상의 범위를 벗어났다는 것을 의미한다. 이를 반대로 생각해 보면 달콤한 사랑에 빠지려면 상대방이 심신의 균형이 잘 잡힌 상태에서의 시도는 백전백패할 확률이 높다. 따라서 무언가 심각한 불균형상황을 만들어야 하는데, 급격하고 과격하게 돌아가는 롤러코스터 못지않게 일상에서 시도할 수 있는 방법이 있다. 바로 뇌를 극도로 많이 사용하게 하는 것이다. 평소보다 뇌를 급격하게 많이 사용하면 심신의 방전이 온다. 바로 이 순간이 새로운 사랑의 기운이 싹틀 수 있는 절호의 기회가 된다.

* * *

박현욱의 소설 《아내가 결혼했다》에서 덕훈과 인아는 프로그램 개발 프로젝트 중에 만나 작은 호감만 가지고 있다가 프로젝트가 완성된 후 회식자리를 계기로 본격적으로 사귀기 시작했다. 그리고 둘은 전격적으로 결혼했고, 꿀맛 같은 신혼의 맛에 푹 빠진 덕훈은 아내 인아의 계속되는 야근이 신경에 거슬린다.

아내는 그 후에도 계속 늦게 들어왔다. 아내는 회사 일이 많아서 그렇다고 말했고, 나는 고개를 끄덕여 주었다. 아내의 입에서 술 냄새가 났던 날들도 많다. 고개가 조금 갸웃거려지긴 했지만 그러려니 했다. 프로젝트 계약기간이 끝나던 날 아내는 파김치가 되어서 들어왔다.

"이번 프로젝트는 너무 힘들었어. 걸핏하면 철야작업이야. 마지막 날까지 야근하기는 또 처음이네."

"저런, 마지막 날인데 회식 안하고 야근했어?"

"다른 사람들은 회식 자리 갔고 내 파트에서 문제가 생겨서 나만 일했지. 일 끝내고 전화해 보니 회식도 끝났대. 어쨌든 다 끝나서 후련하다."

그러다 인아는 두 배의 페이를 보장하는 프로젝트를 위해 경주로 갔고, 그 둘은 주말부부로 지내는데… 그러다 사달이 난다. 아내에게 다른 남자가 생겼다는 폭탄선언을 듣게 된다.

"나, 사람 생겼어."

"뭐라고?"

"나, 좋아하는 사람 생겼어."

"언제 알게 된 사람인데?"

"알게 된 지는 오래됐는데… 예전에 같이 일했거든. 이번 프로젝트 하면서 다시 만났어."

"정말 그 사람이 좋아"

"응."

가슴이 뛰어야만 사랑이 아니다

+

여러 논란거리가 많을 수 있는 내용이라 이후 내용은 생략하고 여기까지만 소개한다. 중요한 것은 등장인물들이 사랑에 빠지는 상황은 모두 격렬하게 일을 한 이후라는 것이다. 인아에게 지금의 남편과 곧 생길 남편 모두 격한 업무를 마치거나 하는 도중에 만나 사랑을 만들었다는 공통점이 있다.

뇌의 무게는 몸무게의 50분의 1 정도밖에 안 되지만, 사용하는 에너지는 몸 전체의 20%를 쓴다. 그만큼 평소에도 뇌는 혹사 당하고 있다. 그런 와중에 또 무언가에 에너지를 쏟으면 바로 뇌는 탈진상태에 가깝게 되는데 이런 상태에서는 이성에 대한 경계심이 줄어든다는 것이다.

처음 보는 남녀를 모아 커플을 만든 후 각각 작은 방에서 TV프로그램을 보면서 몇 시간씩 집중토론과 분석을 하는 작업을 시켰다. 그렇게 정신 에너지를 소진시킨 후 두 사람을 같이 있게 했더니 정신력을 많이 소모한 커플일수록 그렇지 않은 커플보다 더 '육체적 친밀감'을 표현했다는 실험 결과가 있다.[*7] 조금만 생각하면 이해할 수 있다.

머리를 써가며 일을 한다는 것은 무의식이 아니라 의식의 세계에서 하는 일이다. 의식의 세계에서 일을 하면 할수록 혈당이 떨어지면서 에너지가 급격하게 소비된다. 그래서 의식의 세계에서 관장하는 자제력이나 의지력을 발휘할 에너지가 남지 않는다. 이렇게 자제력과 의지력이 없는 상태에서 상대를 보면 어떻게 될까? 당연히 예쁘게 보이거나 멋있게 보일 가능성이 높다.《아내가 결혼했다》의 덕훈과 인아처럼, 그리고 인아의 새로운 남편처럼 말이다.

가만히 생각해 보면 주위에 직장에서 매일 밤 늦게까지 야근하다 정이 들어 결혼하는 경우가 왕왕 있다. 객관적으로 보면 전혀 어울릴 것 같지 않은 두 사람이었는데 깜짝 발표를 해서 놀랐던 경험이 한두 번쯤은 있을 것이다. 모르긴 해도 '정신적 에너지 고갈로 인한 자제력과 의지력 저하'가 결정적으로 작용했을 가능성이 아주 높다.

지금 혹 주위에 관심이 있는 이성이 있다면 놀이공원이나 계곡 다리 같은 곳으로 데이트를 신청하는 것보다는 아예 퇴근 후에 두꺼운 서류의 오탈자를 검색하거나 원서를 해석하는 작업을 같이 해보는 게 어떨까? 상대가 정신적으로 아주 피곤한 상태가 되면, 내가 쏜 사랑의 화살이 상대의 가슴에 명중할 확률이 급격하게 높아지니 말이다.

09
사냥 본능이 넘치는
남자들의 소통법

#남자 #사냥본능 #결과 #칭찬

남자들에 대한 여자의 평가를 한마디로 압축한다면? 좋은 의미이든 반대가 됐든 모르긴 해도 열에 최소한 다섯 이상은 이런 말을 하지 않을까? '단순하다.' 이처럼 남자는 왜 여자의 평가처럼 하나밖에 생각하지 못하고, 말의 속뜻도 이해하지 못하는 존재가 되어 버렸을까?

남자의 언어는 대부분 짧고 간단하다. 남자에게 커뮤니케이션의 중심은 '결과'이기 때문이다. 이것저것 따지지 않고 오직 결과만 보고 결과만 중요하게 여기지만, 그 결과를 얻기 위해 벌이는 남자들의 치열한 경쟁과 투쟁은 잘 드러나지 않는다.

결과를 중요하게 생각하는 남자의 태도는 원시시대부터 만들어졌다. 그

때 남자들의 가장 큰 숙제는? 당연히 사냥이다. 하루 평균 20km를 뛰거나 걸으면서 아침부터 저녁까지 남자의 머릿속에는 오직 하나, 사냥밖에 없다. 사냥에 성공해야 하고, 또 모든 식구들이 배불리 먹을 수 있는 큰 동물을 잡아야 한다. 그렇지 못하면 식구들은 굶어 죽는다. 내가 동굴에 들어갈 때 식구들은 내가 아니라 내가 무엇을 잡아왔는지에 시선이 간다. 이런 생활을 수십만 년 동안 계속 반복한다면? 당연히 남자들의 뇌에는 오직 '사냥' '전리품' '결과'밖에 남는 게 없다. 그런 생활을 오랫동안 하다 보면 사냥을 아주 잘하는 사람도 있을 것이고, 상대적으로 사냥능력이 떨어지는 사람도 있을 것이다. 그리고 그런 능력 차이로 서열이 정해지는 것이다.

천명관의 소설《이것이 남자의 세상이다》에서는 남자에게 '사냥 본능' 과 그 사냥 본능으로 인해 수확한 전리품이 얼마나 중요한지에 대해 잘 표현하고 있다.

* * *

원봉은 지구 반대편에서 벌어지는 축구 경기에 사람들이 돈을 걸고 열광하는 게 이해가 되지 않았다. 텔레비전에서 연예인 불법 도박 얘기가 나올 때마다 그는 자신이 더는 세상이 변하는 속도를 따라잡지 못한다고 느꼈다.

그동안 참한 마누라도 얻었고 연수동에 제법 유명한 고깃집도 가지고 있었지만 언제부턴가 기분이 우울했다. 한마디로 사는 재미가 사라진 것이다. 그즈음 그가 관심을 돌린 건 좋은 차와 멋진 슈트였다. 값 비싼 이태리제 양복으로 잘 차려 입고 나서면 잠시 기분이 근사해지곤 했다. 그래도 가끔은 경마장에서 마권 다발을 들고 정신 없이 뛰어 다니던 시절이 그리웠다. 남자의 인생이란 대개 그런 거였다.

남자의 대화는 짧고 분명한 두괄식이다

+

예나 지금이나 사람 사는 방법은 똑같다. 남자는 오직 결과에 의해 모든 것이 결정되다 보니 남자가 결과에 목숨을 거는 건 당연한 이치다. 대화하는 방법에서도 남자와 여자의 차이는 극명하게 다르다. 남자는 대화방식 자체도 결과 위주이고 짧고 간결하며 뜻이 분명하고 두괄식이다.

원시시대로 돌아가 남자들이 힘을 합쳐 커다란 순록을 사냥한다고 치면, 우선 조용히 움직여 바람이 부는 반대 방향에서 순록을 포위해야 한다. 그러다가 결정적인 순간이 오면 리더의 신호에 따라 모든 사냥꾼들이 역할 분담을 통해 선제타격, 본공격, 마무리까지 숨 돌릴 새 없이 일사분란하게 끝내야 한다. 이런 순간에서 남자들의 커뮤니케이션은 "움직여!" "공격!" "찔러!" "죽여!" 등의 짧고 간결한 말 외에 다른 말을 할 여유 자체가 없다. 이런 사냥의 습성은 현대에 들어 쇼핑의 스타일에서 극명하게 나타난다.

남자들은 대부분 뭔가 필요해 백화점에 가면 주차시간까지 포함해 30분이 걸리지 않는다. 필요한 게 있으면 위치를 파악해 바로 가서 구매를 마치면 백화점에 온 임무를 완수하는 거다. 남자에게는 사냥이나 쇼핑이나 다를 게 없다. 속전속결로 끝내야 마음이 편하다. 어느 책에서 보았는지 기억이 안 나지만 남자가 쇼핑카트를 끌고 여자의 뒤를 쫓는 것은 전쟁터에 나가는 스트레스와 맞먹는다고 한다.

이렇게 '결과'를 목숨처럼 중요하게 여기는 남자이다 보니 남자와의 커뮤니케이션에서 가장 중요하게 생각해야 할 부분 역시 그 남자의 '결과'이다. 다시 말해 남자는 자신의 능력으로 어떤 결과를 남들에게 보여주는지를 아주 중요하게 생각하고, 자신도 모르게 상당히 의식한다.

지금은 사냥을 주업으로 하는 지구인 남자는 거의 없다. 하지만 남자의 시선으로 본다면 세상은 아직도 내가 가져야 할 사냥감 투성이다. 그 수많은 사냥감 중에서도 남들이 가지고 있지 않은 것을 획득했을 때 비로소 남자는 만족한다.

이제 남자의 사냥 습성이나 사냥 본능을 커뮤니케이션에 접목할 순서다. 아주 간단하다. 어떤 남자든 수렵이나 사냥과 관련 있는 말로 그를 칭찬하면 그는 내 사람이 된다.

"정말 힘이 세군요."

"사람이 어떻게 그렇게 겁이 없어요? 너무 용감한 거 아니에요?"

"눈매가 정말 매섭고 빠르시다. 언제 그런 걸 다 파악하셨어요?"

"순간 판단은 ○○○님이 아마도 제가 본 남자 중 최고예요."

현대의 남자들은 사냥을 전혀 하지 않는데도 이렇게 사냥 본능을 자극하는 말은 언제나 훌륭하다. 또 하나 그의 능력의 결과로 얻어진 그의 물건을 칭찬하면 역시 그 남자는 나만 보게 된다.

"그 정장 정말 멋있는데요? 딱 봐도 원단이 다르네요."

"그런 비싼 차까지 몰면서 집도 그 땅값 비싼 곳에… 능력자시네요."

뻔한 말인데도 상대 남자의 마음은 내 쪽으로 움직인다. 다시 말해 남자를 움직이는 최고의 커뮤니케이션 수단이 된다. 수십만 년 혹은 수백만 년 동안 온몸 구석구석 깊숙하게 박혀 있는 DNA를 자극하는데 누가 돌부처처럼 무반응으로 버틸 수 있을까? 식물이 항상 해를 향해 온몸을 기울이는 것처럼, 남자는 언제나 사냥 본능을 자극하는 말에 귀를 기울이게 되어 있다.

10
남자는 가르치는 걸
좋아해!

#훈계 #직선적 #두괄식 #문제해결

'국내 제일의 사립대학이라는 Y대학을 졸업하고 미국계 유명 휴대폰 제조업체인 H사에 다니고 있는 남자. 일단 눈에 띄게 키가 컸고, 길고 가는 얼굴에 날렵하고 높은 콧대, 살짝 긴 듯한 머리가 순정만화에 나오는 남자 주인공을 연상케 하는 남자'

만약 미혼 여성이 이 정도의 프로필을 가지고 있는 남자와 소개팅을 제안 받는다면 누구나 거절하기 힘들 것이다. 그리고 일단 한 번 만나면, 이 남자와의 만남을 연장하기 위해 많은 노력을 기울이지 않을까?

* * *

이런 매력적인 남자는 정아은의 소설 《모던 하트》에 나오는 태환이라는 남자다. 헤드헌터인 미연은 우연히 외국계 회사원 동호회에서 태환을 만났다. 미연의 명함을 받은 태환은 다른 사람과는 달리 진지하게 미연과 대화를 나누고 그 이후로 자연스럽게 점심식사 등 만남을 이어가고 있다. 세속적인 기준으로 프로필이나 외모만 봐도 백점 만점에 90점 이상인데, 이 남자는 보통 남자와는 다른 고상한 면까지 있다.

고기나 술을 입에 대지 않고 명상을 즐기며 자기보다 나이가 어린 여자에게 깍듯이 존댓말을 쓰면서 전혀 스킨십을 시도하지 않는 남자는 세상에 흔치 않다. 태환을 이르는 키워드는 자기 절제와 지적 향상 욕구, 이 둘로 집약될 수 있을 것이다.

여기에 이 남자, 손가락까지 길어서 한 번 여자의 눈이 손가락에 가면 다른 건 눈에 들어오지도 않는다.

식사하는 내내 내 눈길은 태환의 손가락에 머물렀다. 손가락은 태환의 신체 가운데 가장 매력 있는 부분이었다.

"뭘 그렇게 쳐다봐요?"

"혹시 기타 칠 줄 아세요?"

저 손으로 기타 줄을 튕긴다면 참으로 고혹적이리라. 저 손으로 빠르게 키보드를 친다면 참으로 지적이리라. 저 손으로 내 얼굴을 쓰다듬는다면….

어떤 여자인들 이런 생각이 안 들까? 결혼 적령기를 살짝 지난 미연은 한 살 많은 태환에게 푹 빠져들고 만다. 소설이어서 약간의 상상이 곁들여지긴 했지만, 사실 대한민국 남자 중에 이런 남자가 없을 리는 없다. 물론 개인적으로는 선후배·동기·친구·친척을 통틀어 한 번도 만나본 적은 없지만 말이다.

그런데 이렇게 완벽에 가까운 남자도 치명적인 약점이 있었다. 신체 · 외모 · 학벌 · 직업 등 모두가 최고 수준이고 명상을 즐기는 남자, 심지어 손가락까지 치명적으로 긴 데다 식성은 채식주의자다.

조금 명치 끝이 거북하게 막히는 느낌은 들지만 '눈 딱 감고 참고 살면 그만이다'라는 생각이 저절로 드는 남자인데 무슨 약점이 있을까?

남자는 언제나 훈계할 기회만 노린다

✦

직장에서든 가정에서든 멍하니 있는 남자에게 여자가 말을 건넨다.

"지금 바쁘세요?"

그럼 남자들의 반응은 모르긴 해도 대부분 두 가지로 나뉜다.

"아뇨. 안 바빠요. 왜요?" 또는 "네. 지금 뭐 하는 중이에요. 왜요?"

그럼 대부분의 여자는 이렇게 말한다.

"아뇨. 됐어요. 일 보세요."

이 글을 읽는 남자들 대부분은 이 대화의 문제점을 발견하지 못할 것이다. '뭐가 잘못됐다는 거지? 하는 일이 없으니 없다고 하는 것이고, 뭔가 일이 있으니 있다고 얘기한 것뿐인데?' 하지만 이 글을 읽는 여자들은 당연히 이 상황을 다르게 해석한다. 사실 여자가 "지금 바빠요?"라고 묻는 속뜻은 '저 좀 도와주세요'라는 뜻인데 애석하게도 그 말을 알아듣는 남자는 극히 드물다.

남자는 기본적으로 커뮤니케이션 방식이 직선적이고 두괄식이다. 그래서 '바쁘세요?'라는 말을 남자는 '바쁘냐? 무슨 일하냐?'의 의미로만 생각한다. 그래서 아주 정직하게 '바쁘다' 혹은 '그렇지 않다'라고 대답한다. 그러면서 본인은 훌륭한 커뮤니케이션을 하고 있다고 생각한다. 묻는 그대로 답했기 때문이다. 그래서 남자는 자신이 반응을 보일만한 충분한 정보를 가지고 있지 않거나 상대방의 말이나 질문이 그의 직선적인 사고패턴에서 벗어나면 아무 말도 하지 않거나 아주 짧게 있는 그대로 결론만 얘기한다.

이처럼 남자의 커뮤니케이션 스타일이나 포커싱은 '문제해결'에 꽂혀 있다. 그래서 여자가 무언가 직·간접적으로 도움을 요청하면 일단 남자는 여자의 감정상태 등을 같이 공유하기보다는 바로 그 문제를 해결할 방법만 몰두한다. 그래서 여자가 남자에게 잔소리를 하면 남자는 여자에게 '가르치려' 하는 실수를 자주 하게 된다. 무엇이든 해결책을 찾아주는 것이 훌륭한 대화법이라고 생각하기 때문이다. 이런 대화법은 남자끼리의 대화에서는 훌륭할지 모르나 남자와 여자와의 대화에서는 사정이 다르다. 남자의 단편적이고 직선적인 사고방식과 이에 따른 대화방식은 여자에게는 생각하지 않은 오해를 불러 일으키거나 심하면 상처까지 줄 수 있다.

남자는 꼭 기억하기 바란다. 여자가 '지금 바빠?' 혹은 '지금 통화 가능해?'라는 메시지를 보낼 때에는 '나 좀 도와줘'라거나 '나의 기분을 같이 공감해줘' '나의 이 기분을 누군가에게 꼭 얘기하고 싶어'라는 뜻이다. 이럴 때 남자는 그냥 같이 기분을 맞춰주고, 관심만 표현해 주면 베스트다. 이런 작은 노력만 해도 여자는 놀랍게도 남자에 대한 강한 신뢰를 가지고 또 강한 동료애나 지지를 확인한다. 그러면서 여자는 스스로 마음을 정리한다.

그러나 아직까지 남자에게 이런 커뮤니케이션 방식은 무리수인 듯하다.
마치 소설《모던 하트》의 태환처럼.

* * *

"미스 커뮤니케이션이요?"

태환의 눈에 웃음이 서렸다. 나는 살짝 불안해졌다. 저런 웃음 뒤엔 늘 내 말에
대한 트집이 따라붙곤 했다.

"원래 헤드헌터들이 다 그래요? 미연 님 만나면서 느낀 건데, 영어 섞어 쓰는
걸 참 좋아하시는 것 같아요. 미스 커뮤니케이션이란 말도 그래요. 그냥 '의사
소통이 잘 안 됐다'고 하는 편이 일반적이지 않나요?"

"태환 님도 외국계 회사 다니니까 잘 아시겠지만 원래 외국계 쪽이 좀 그렇잖
아요. 근데 외국계 회사보다 더 심한 데가 서치 펌이에요. 저도 원래 그런 거
별로 안 좋아했는데, 주위 사람들이 다 그렇게 말하니까 결국 그렇게 되더라
고요. 어쩔 수 없어요. 용어 자체가 그런 걸."

"그렇지만 의식적으로라도 그렇게 안 하려고 하면 가능하지 않은 건 아니잖
아요."

그가 일침을 놓았다. 또 시작이다. 그는 훈계하고, 나는 반성하고…. 하지만 그
의 말이 아주 틀린 것도 아니라 결국 나는 그의 말을 받아들였다.

"그러게요. 안 그러려고 하는데 저도 모르게 자꾸 그렇게 되네요. 조심해야
죠."

이렇게 말하는데 살짝 기분이 상했다. 김미연, 너 너무 비굴한 거 아니야.

미연은 너무나 매력적인 태환을 놓치고 싶지 않아 이 상황을 꾹 참고 넘

겠지만 나만 그런가? 나는 이 둘의 끝이 환하게 아주 잘 보인다.

만약 태환이 미연에게 정곡을 찌르지 않고 "저도 일 때문에 가끔 영어를 섞어 쓰다가 참 민망할 때가 많았는데, 미연 씨는 직업상 저보다 더 힘들겠어요. 저보다도 훨씬 그런 상황이 많으니까요" 처럼 모든 게 완벽해 보이는 태환이 이렇게 말했다면 정말 남자로서 심한 질투를 할 뻔했다. 여자에게 지적으로 인한 상처를 주지 않고 자연스럽게 하고 싶은 말을 하니까. 한마디로 부족한 게 없이 뭐든 게 넘치는 남자니까. 아무튼 남자들은 부족한 게 없는 남자가 되기 위해서 무엇부터 챙겨야 하는지 좋은 참고가 되었기를 바란다.

11
당신은 진정
온리원이에요!

#온리원 #자존심 #최고 #유일

예전에 필자가 홈쇼핑에서 주로 방송하던 상품 중 밥솥이 있었다. 이 밥솥은 오프라인에서 볼 수 있는 신상품에 비해 기능이 좀 빠지는 제품이었다. 하지만 필요한 기능은 다 들어있고, 상대적으로 가격이 좋아서 제법 판매가 잘되는 아이템 중 하나였다. 가만히 있어도 잘 나가니까 방송을 하는 사람 입장에서는 아주 편한 상품이었다. 그런데 어느 날부터 무슨 이유인지 다른 남자 후배가 나 대신 그 상품의 방송을 하게 됐다. 이 후배는 보통 후배가 아니었다. 얼굴이 웬만한 영화배우나 아이돌 뺨치게 잘생긴 데다 키도 나보다 훤칠한 '최강 비주얼'을 자랑하는 후배였다. 나도 사람인지라 잘생긴 후배가 내가 맡은 상품을 하는 게 영 신경 쓰였는데, 그 친구가 방송을 하던 날 아주 특이한 사건이 터지고 말았다.

어느 시청자가 방송을 보던 중 문자로 글을 남겼다(요즘은 TV홈쇼핑 채널마다 문자를 보내면 화면에 그대로 뜬다).

"여자 쇼호스트 옆에 있는 연예인은 누군가요?"

이 문자 하나로 회사 내에 소문이 쫙 퍼져 바로 화젯거리가 됐고, 자연스럽게 그 상품의 방송은 그 후배가 독차지하게 됐다. 간단한 말로 나는 내 자리를 후배에게 빼앗긴 거다.

겉으로 티를 내지는 않았지만 그때 사실 나는 엄청 큰 내상을 입었다. 여태껏 쇼호스트를 하면서 그런 경우를 겪어보지 못했기 때문에 어떻게 보면 아무것도 아닌 일이었지만 당시의 나에게는 아주 큰 쇼크로 다가왔다. '돈은 많이 못 벌어도 자존심 하나는 지키고 살자'가 가장 큰 인생 모토였는데, 복구하기 힘든 상처를 입은 것이다. 평소에는 잘 지내다가도 그 밥솥 생각만 하면 나도 모르게 부글부글 끓었다. 이렇게 혼자 끙끙 앓고 있는데 어느 식사 자리에서 그 얘기가 또 나왔다. 여자 동료들이 농담 삼아서 한 얘기가 내 가슴을 관통했다.

"문석현 님이 ○○○ 님한테 외모로 밀렸잖아."

"아줌마들이 완전히 갔더라고."

"나도 ○○○ 님만 보면 마음이 설렌다."

표정관리를 하면서 꾸욱 참고 있는데 옆에 있던 PD가 그 자리에서 이런 말을 했다.

"아유, 그래도 그 친구가 어떻게 문석현 님을 따라가. 아줌마들 귀 열게 만드는 멘트는 문석현 님밖에 없어. 걔는 한참 더 배워야 돼. 얼굴만 가지고 쇼호스트 할 수 있나."

그 말 한마디에 마음이 확 녹았다. 나의 표정이 이상해지고 굳어지는 걸 감지한 PD가 위로의 말로 던진 한마디, 그 뻔한 입바른 말에 나는 바로 힐링을 경험했다. 이렇게 남자의 마음을 열고 녹이는 말의 중심엔 바로 '온리원'이 있다.

* * *

장강명의 소설 《한국이 싫어서》에는 남자들이 외지생활을 못 견디는 이유를 아주 정확하게 설명하고 있다. 역시 그 '자존심' 때문이다. 그리고 어떤 남자든 그 자존심을 누군가 알아주거나 인정해 주지 않으면 그 남자는 바로 무너진다.

내가 나름대로 생각해 본 답은 이래. 음기고 양기고 간에 한국 남자애들이 외지생활을 잘 버티지 못 하는 거야. 기본적으로 타국생활이라는 게 외롭고 쓸쓸하거든. 나만 해도 별 것도 아닌 일에 갑자기 감정이 복받치고 그래서 눈물을 뚝뚝 흘릴 뻔한 적이 여러 번이야. 그럴 땐 그 더러운 아현동 뒷골목이 못 견디게 보고 싶어져.

한국 남자들이 워낙 자존심이 세잖아. 그 자존심 때문에 더 쉽게 무너진다? 영어를 가르치는 백인 선생님들은 학생들을 어린애 다루듯 해. 외국어를 가르치다 보면 자연스럽게 그렇게 돼. 한국 사람들도 한국에 있는 동남아 사람들을 어린애 취급하잖아. 그런데 상대가 일부러 눈을 크게 뜨고 천천히 쉬운 말을 써주면 그게 배려라는 걸 머리로는 이해하면서도, 당하는 사람 입장에서는 저능아가 된 것 같은 기분이 드는 거야. 여러 나라 출신 중에서도 유독 한국 남자애들이 그런 무력감을 견디지 못하더라고.

남자는 사소한 것에 목숨을 건다

+

지위고하를 막론하고 남자는 한마디만 해주면 알아서 움직인다. 여자는 '당신이 유일무이한 사람이에요'라는 말 한마디로 남자의 능력을 더욱 극대화할 수 있고, 또 한층 수월하고 편하게 남자와 커뮤니케이션 할 수 있다.

나도 남자지만 남자를 사소한 일에 얽매이게 하거나 목숨 걸게 하면 정말 피곤해진다. 대신 사소한 일도 '잘한다' '너가 제일 잘한다'고 하면서 도와주게 만들면 생각보다 아주 쉽게 움직이고, 무엇이든 더 신나서 하게 된다.

'사랑이란 말보다 더 좋은 건 없을 걸… 백만 번 더 들어도 기분 좋은 말… 사랑해'라는 노래처럼 '사랑해'라는 말은 언제 들어도 듣기 좋은 말이긴 하지만 남자들에게 이보다 더 기분 좋은 말, 듣고 또 들어도 좋은 말이 있다.

"당신은 진정 Only One이에요."

직접 경험해 본 당사자로서 자신 있게 주장하는데 '당신은 최고입니다'가 99점이라면 '당신은 유일한 사람입니다'는 99점보다도 훨씬 위에 있다. '다른 건 몰라도 이것만큼은 당신이 유일한 남자' 이 말이면 전 세계 어떤 남자도 설득할 수 있다. 남자는 자존심에 살고 자존심에 죽는다. 사소한 내기에도 목숨 걸고 달려드는 본능이 항상 꿈틀대기 때문에 'Only One'은 모든 남자들에게 만병통치약 같은 말이 될 수 있다.

CHAPTER 2

어떻게 하면

상처주지 않고 말할 수 있을까?

01
깐깐한 사람을
동반자로 만들어라

#자기주장 #소통 #인정 #동반자

　사회든 학교든 직장이든 간에 상대하기 불편한 사람들이 꼭 있다. 특히 평소에 깐깐하고 빈틈 없는 전문가일수록 상대하기가 더 어렵다. 더구나 직급이 나보다 훨씬 높은 사람이라면 더더욱 말 한마디 꺼내기도 어렵다. 이럴 때 초장에 상대의 마음을 봄눈 녹듯이 녹일 수 있는 필살기가 있다면 세상 살기 참 쉬울 텐데 하는 아쉬움이 항상 있다.

　한 번 상상해 보자. 평소 옆에 있기만 해도 불편한 부장님이 있다. 더구나 이분은 일처리에 있어서는 빈틈이 없는 분으로 정평이 나 있다. 일도 깔끔하고 빈틈없이 하는 스타일이라 평소 실수를 용납하지 않는 피도 눈물도 없는 냉혈한이다. 일에 있어서 만큼은 따라올 자가 없으니 감히 누구도 그

분과 다른 의견을 내지 못할 정도로 카리스마도 대단하다. 이렇게 까다로운 사람과 편하게 대화할 수 있는 방법이 있을까? 혹시 그럴 리야 없겠지만 후배 입장에서 어쩌다 이 부장님과 단둘이 점심식사라도 하게 된다면 그때 먹는 밥은 밥이 아니라 차라리 모래에 가까울 것이다.

티는 내지 않지만 이런 불편한 기색은 바로 상대에게도 전달된다. 그럼 함께 밥을 먹는 하늘 같은 부장님도 불편하다. 그럼 그 불편함의 후폭풍은 내가 다 감당해야 한다.

"○○○ 씨 어디가 안 좋아? 밥 먹는 게 왜 그래?"

"앗, 아닙니다. 맛있습니다!"(이 자리가 불편해요!)

(살짝 웃으며 농담조로) "밥 먹는 것도 그렇고 일도 그렇고 ○○○ 씨는 늘 어딘가 불편하구만."

"네? 윽… 아닙니다. 열심히 먹겠습… 아니 열심히 하겠습니다!"(내가 왜 이런 말을 하지?)

불편하고 어려운 사람과 함께 있다는 느낌이 들면 모든 게 불편하고 어렵게 된다. 약간 오버스럽지만 앞의 대화처럼 되지 말라는 법도 없다. 말은 앞으로 나오지만 그 말이 지니고 있는 뉘앙스나 감정은 어디로 튈지 모르기 때문이다.

* * *

문유석의 소설 《미스 함무라비》에서는 당당하고 자신감 넘치는 신임 판사 박차오름이 등장한다. 부푼 가슴을 안고 법원으로 출근하는 첫날, 정의감에 불타는 박차오름은 지하철에서 목격한 성추행범에게 다짜고짜 치마를 입은 채로 사타구니에 니킥을 작렬한다. 여기까지는 좋았는데 하필이면 이

장면을 지하철 누군가가 스마트폰으로 촬영을 하고 순식간에 SNS로 퍼지면서 '대박! 여 판사 니킥 작렬'이라는 제목으로 퍼져나갔고 당연히 폭발적인 댓글이 쏟아지고 있다. 이 해프닝 이후 법원에서는…

전화기가 울린다. 한세상 부장의 호출이다. 문을 열자마자 쏟아지는 호통.

"어떻게 출근 첫날부터 사고를 쳐! 판사가 점잖지 못하게 몸싸움에 말싸움에. 이게 정상이야? 부장을 첫날부터 법원장실에 호출되게 만들어?"

임 판사가 말려본다.

"부장님, 박 판사는 여학생을 구하려고…."

"끼어들지 마! 신고나 해주면 되지 왜 나서서 일을 시끄럽게 해! 여대생이면 지가 알아서 하겠지 무슨 여중생이야? 하긴 그런 짧은 치마나 입고 다니니까 그런 일 당하지. 그런 것들이 공부나 하겠어?"

박 판사가 발끈했다.

"부장님! 그게 무슨 말씀이세요! 짧은 치마 입는 게 잘못인가요?'

"어디서 말대꾸야! 여학생이면 여학생답게 조신하게 하고 다녀야지. 보바리 부인이 한 말도 몰라? 여자는 여자로 태어나는 게 아니라 여자로 만들어지는 거라고! 노력을 해야 여자다운 여자가 되는 거야!"

임 판사가 끼어들었다.

"저 부장님. 보바리 부인이 아니라 시몬 드 보부아르고요. 그 말은 그런 뜻이 아니라…"

한 부장이 폭발한다.

"끼어들지 말라고! 어디서 위아래도 없이!"

박차오름 판사는 엄격하고 까다롭고 권위까지 높은 한 부장판사에게 제대로 찍혔다. 이 사건 이후 두 사람의 대화는 어떻게 전개가 될까?

완벽하고 자기주장이 강한 사람과 상대하기

+

사회에서 만나는 까다로운 사람들은 대부분 비슷한 특징들이 있는데, 그중 하나가 위 소설의 부장판사처럼 자기 자신에 대한 확신이 있다는 것이다. 일을 잘하려면 주관이 뚜렷해야 하고 소신도 투철해야 한다. 거기다 그 신념을 밀고 나갈 추진력도 갖춰야 한다. 여러모로 사회생활을 긍정적으로 할 수 있는 좋은 덕목으로 보이지만 아랫사람 입장에서는 이런 스타일의 상대와 소통하기가 상당히 어렵다. 자기 주관이 뚜렷하니 고집은 말도 못하고, 그 뜻에 거스르는 말을 했다가는 상대가 도전으로 받아들이면서 공격적으로 돌변하게 된다.

이렇게 까다롭고 권위적인 사람과 원활하게 소통하기 위한 방법을 이재준의 《스마트 토크》[*8]에서는 풋내기 기자와 노련한 기자의 예시를 들며 소개하고 있다. 이 두 기자가 어떤 사안에 대해 전문가에게 인터뷰를 요청하는 대목이다.

"선생님, ○○신문 ○○○기자입니다. 이번에 불거진 '사드(THAAD)' 문제와 관련해서 몇 가지 질문을 드려도 될까요?"

이런 식으로 질문을 하면 인터뷰에 성공할 확률은 떨어진다. 확실히 풋내기 기자다. 하지만 깐깐하고 권위적인 사람을 많이 상대해 본 노련한 기자는 같은 내용을 부탁하더라도 풋내기 기자와는 상당히 다른 느낌을 전달한다.

"평소 존경해오던 선생님과 통화하게 되어서 정말 영광입니다. 이번에 불거진 '사드(THAAD)' 문제와 관련해 이 분야의 최고 권위자로 인정받고 계신 교수님께서 어떻게 생각하는지 여쭙고자 연락을 드렸습니다."

일단 예의 바르게 접근하는 것이 좋았고 상대가 그 분야의 최고 권위자라는 것을 부각한 다음 부탁을 한다. 이런 식으로 대화를 시작하면 아무리 까다로운 사람이라도, 지나치게 논리적이고 꼼꼼하게 따지기를 좋아하는 사람이라도, 권위적인 사람이라도 냉정하게 대답하기가 어려워진다.

"음…. 그럼 일단 질문을 이메일로 보내세요. 내용을 보고 생각해 볼게요."

자기주장이 강하고 개성이 강한 사람들, 거기에 상당한 권위까지 지닌 사람들은 바로 그 이유 때문에 쉽게 소통하기가 어렵다. 하지만 바로 그 이유, 남들보다 특별한 존재라는 것을 먼저 전달하고 난 다음 대화를 이어 나가면 상황은 달라진다. 아무리 까다로운 사람이라도 본인을 먼저 인정하고 남과 다름을 강조해 준다면 그때부터 상대는 아주 부드러운, 다른 사람으로 바뀔 수 있다.

"이 문제에서만큼은 부장님께서 최고 실력자이시니까 분명히 다른 답을 가지고 계시리라 믿고 찾아왔습니다."

"가장 현명하고 객관적인 대답은 역시 가장 현장 경험이 풍부하신 과장님께 듣는 것이 옳다고 생각합니다."

까다롭고 빈틈없는 사람들은 자기 주관과 색깔이 뚜렷하다. 그래서 이런 사람들과 일단 한 번 소통의 길을 뚫어 놓으면 미처 생각하지 못한 분명하고 뚜렷한, 소중한 정보를 얻을 확률도 높다.

TV홈쇼핑에서 가장 까다롭고 권위 있고, 각양각색이며 특별하고, 상대하기 힘든 존재가 바로 '고객'이다. 그래서 언제나 방송에서도 이 특별한 분들의 '특별함'을 항상 먼저 강조한다.

"지금 대한민국 검색의 왕이신 30대가 이 방송을 눈여겨 보고 있습니다. 전화도 많이 주셨고요. 검색의 왕들께서 선택했다는 것은 최소한 실패의 확률은 걱정하지 않아도 된다 아닐까요?"

"가성비와 가격 비교의 달인이신 40대 고객께서 움직이고 있습니다. 이 분들은 어지간한 조건으로는 꿈쩍도 안하시는 분들이잖아요."

"아무리 똑똑하고 유능해도 인생 경험이 풍부하신 50~60대 고객님들의 통찰력을 따라갈 수는 없습니다. 이분들의 통찰력이 지금 저희를 주목하고 계십니다. 동참하세요. 인생 선배 따라해서 손해본 적은 없었잖아요."

다시 한 번 더 강조하지만 상대하기 까다로운 사람은 자신에 대한 자부심이 상당하다. 그 자부심과 남과 다름을 내가 먼저 언급하고 인정하면 된다. 그럼 그때부터는 멀기만 하고 접근하기 어려웠던 존재를 내 인생에 없어선 안 될 소중한 동반자로 만들 수 있다.

02
무의미한 말에
상처받는 사람들

#거슬리는_말 #받아치기 #관심 #욕망

사회생활을 하다 보면 주변 사람들의 무심한 한마디에 상처를 받는 경우가 많다. 그리고 원래 예민한 성격인 사람들도 주변에 차고 넘친다. 아나운서를 거쳐 쇼호스트를 직업으로 하다 보니 그때그때 상황에 예민한 경우가 많다. 그래서 조직에서 관계를 원만하게 유지하는 방법 중 가장 중요한 것이 '말을 조심하라'이다. 사람들은 아무것도 아닌 호의에 반색을 하며 좋아하기도 하지만 정말 아무것도 아닌 말에 싸늘하게 변하기도 하기 때문이다. 말 한마디로 천냥 빚을 갚는 게 아니라 말 한마디에 빚이 사채이자보다도 더 많이 늘어나기도 하는 것이다. 아무튼 살다 보면 주변의 한마디 한마디가 가슴에 쓰리게 박힐 때가 많다.

언젠가 사무실에서 방송을 앞두고 인터넷으로 자료를 검색하고 있었다. 나도 모르게 집중을 했는지 아니면 만족할 만한 검색 결과가 나오지 않았는지 상당히 오랜 시간 모니터를 뚫어지게 보고 있었나 보다. 그때 옆을 지나치던 동료 쇼호스트 한 명과 눈이 마주쳤다. 그때 그 친구의 한마디.

"형 술 먹었어? 눈이 왜 그렇게 빨개?"

순간 나도 모르게 당황했다. 물론 대답은 '아니'라고 짧게 대답했지만 그 이후 내 머릿속은 점점 이상한 쪽으로 발전하고 또 증폭되어 갔다.

'저 인간이 사무실에 사람들도 많은데 나를 망신 주려고 저러나? 술은 웬 술?'

'내가 맨날 술만 먹는 인간으로밖에 안보이나?'

'내가 언제고 저 자식 버릇을 고쳐놔야지 정말. 항상 지만 우선이고 주위 사람들은 다 지 아래로 본단 말이야.'

한없이 유치하지만 그때는 나름 정말 심각했었다. 그리고 그 이후 한동안은 그 동료를 볼 때마다 나도 모르게 정색을 하고 바라보았던 기억이 있다.

결국 이 모든 것은 나의 허망한 '관심 받고 싶은 욕구'에서 비롯된 것이라는 걸 김두식의 《욕망해도 괜찮아》를 통해 깨닫게 되었다.

* * *

아무도 나를 사랑하지 않는다는 것을 깨닫자 이상하게도 제 마음에 깊은 평안이 찾아왔습니다. 나를 사랑하지도 않는 사람들의 반응에 너무 민감할 필요가 없다는 진리를 만난 거죠. 세상에 나를 사랑하는 사람이 그리 많지 않다는 건 차가운 진실입니다. 그걸 알면 세상이 스산하게 느껴지죠. 그런데 그 진실이 주는 자유가 있습니다. 사랑하지도 않는 사람들의 반응에 일일이 신경 쓸 필요는 없으니까요.

사무실에서 나와 마주친 동료는 그저 나와 의미 있는 대화를 하고 싶은 것도 아니었고, 나에게 관심이 있는 것도 아니었다. 그냥 눈이 마주치지 않았으면 아무 말도 안하고 무심히 지나쳤을 것이다. 그런데 눈이 마주치고, 그 상황에서는 아무 말이라도 해야 말 없이 지나치는 것보다는 덜 어색했을 것이다. 그래서 눈이 충혈됐길래 '술 먹었어?'라고 편하게 얘기한 것뿐이었다. 물론 '어? 눈이 충혈됐네? 무슨 일 있어?'라고 물어봤다면 더 좋았을 것이다. 하지만 지나치게 민감하게 반응한 것은 나의 성격이 예민한 것도 아니고, 신중한 것도 아니었다. 그저 언제나 스마트하고 남다른 사람으로 인정 받고 싶은 허망한 욕구 때문이었다.

무의미한 질문에는 무의미하게 받아쳐라

+

다른 사람과의 커뮤니케이션을 원활하게 하기 이전에 우선 본인과의 커뮤니케이션이 우선이다. 내 마음이 편해야 무슨 말을 해도 자연스럽게 나오고 어떤 말이든 독창적으로 나오기 마련이다.

'나를 어떤 사람으로 기억해 주세요'라고 동네방네 떠들고 다니는 것도 유치하고 부질 없는 짓이다. 왜? 사람들은 생각보다 나에 대해 그다지 많은 관심을 가지고 있지 않다. 모두들 본인만 생각하고 본인 위주로 세상을 바라보고 해석한다. 나 역시 그런 사람 중 하나일 뿐이다. 세상 거의 모든 사람들이 이럴 진데 그 사람들의 한마디 한마디에 지나치게 신경 쓸 필요는 없다.

그래도 나는 주변 사람들의 한마디 한마디가 너무 거슬려서 그들에게 한마디라도 펀치를 먹이고 싶다는 사람이 있을 것이다. 이럴 때는 역으로 같은 질문을 하면 상대는 머쓱하게 된다. 만약 "술 먹었어?"라고 누군가 묻는다면 "넌 술 먹었어?"처럼 같은 내용으로 질문을 하면 된다. 당연히 "난 안 먹었는데"라고 할 것이다. 그때 "나도 안 먹었어"라고 하면 끝이다.

"사귀는 사람하고는 언제 결혼해?" vs. "삼촌은 숙모랑 몇 년 사귀었어요?"

"취직은 했니?" vs. "언제 취직하셨죠?"

"너 언제까지 솔로 할래? 소개팅은 하니?" vs. "소개팅 몇 번 하셨는데요?"

"애는 공부 잘하니? 몇 등 해?" vs. "너희 애는 몇 등 하는데?"

이렇게 대응하게 되면 곧 상대는 나의 심기가 불편하다는 것을 알게 된다. 나의 입장에서는 통쾌하고 시원한 한 방이 되겠지만 그 이후의 대화와 두 사람의 관계는 어색하게 된다. 나의 한마디에 오히려 상대가 깊은 내상을 받을 수도 있다. 별 것 아닌 대화를 별스런 대화로 만들 필요까지는 없다는 말이다. 결론적으로 답이 중요하지 않은 질문에 대응하는 가장 좋은 방법을《욕망해도 괜찮아》에서 제시하고 있다.

* * *

결국 시간 때우기용 질문들입니다. 무의미한 질문인 만큼 그저 최대한 무의미하게 답하면 그만입니다. 어차피 상대방이 나의 답변을 기억하는 것도 아닙니다.

세상 그 누구도 나만큼 나를 사랑하는 사람은 없다. 오히려 나에게 관심이 없다고 생각하는 것이 옳다. 나에게 관심이 없는 사람들의 말에 나의 멘탈이 이리저리 흔들린다는 게 더 이상할 뿐이다. 관심 받고, 주목 받고 싶어 하는 헛된 욕망부터 버려야 한다. 그 욕망에서 자유로워지는 순간부터 나의 말도 아주 유연하고 자연스러워질 수 있다.

03
여자에게 무언가를
지시할 때는 구체적으로!

#남녀대화 #피드백 #구체적_답변 #직접적_피드백

남자 팀장과 여자 대리가 인사고과에 대해 얘기를 나누고 있다. 좋지 않은 평가 결과를 통보해야 하는 남자 팀장의 입장에서는 이 대리에게 어떻게 이 사실을 부드럽게 전달해야 할지 난감하다. 그렇다고 은근슬쩍 넘어갈 수도 없다.

남: (해마다 이맘때면 아주 돌아버리겠네…. 인사고과 결과를 얘기해 줘야 하는데 안 해 줄 수도 없고 그냥 넘어갈 수도 없고. 이번엔 뭐라고 달래야 하나…)

여: 팀장님 부르셨어요?

남: 아, 어서 들어와요. 점심은 먹었어요?

여: 네. 뭐, 간단하게… 인사고과 결과 때문에 부르신 거죠?

남: 네…. 말하기가 영…. 불편하네요.

여: 무슨 말씀이세요? 좀 시원하게 말씀해 주세요. 전 아무렇지도 않아요!

남: 네. 그럼 편하게 얘기할게요. 하반기 프로젝트 실패 때문에 평가가 안 좋게 나왔어요. 그 중에서도 이 대리 평가가 평균 이하네요….

여: 네? 제가 왜요? 그 일은 저 혼자 한 게 아니잖아요!! 너무 하세요. 정 말…. 그래도 전 할 만큼 했다고 생각해요! 그리고 제가 그 프로젝트를 위해 얼마나 뛰어다녔는지는 누구보다도 팀장님께서 더 잘 아시잖아요! 그런데도 이렇게 말씀하시니 너무 서운해요!!

남: 아유, 무슨 그런 얘기를 해요…. 이 대리가 얼마나 일을 열심히 하는데요.

여: (울먹이며) 일은 열심히 하는데 실적은 늘 형편없다는 말씀이잖아요! '너는 능력이 안돼'라고 쉽게 말하면 될 것을 뭘 그렇게 어렵게 말씀하세요?

남: 제발 진정 좀 하세요…. 하반기 건이야 그렇다 해도 이 대리가 지금까지 한 기여도는 저도 인정해요. 그래서 저도 이번 평가를 위해 신경을 많이 썼어요. 어떻게든 좋은 성적을 받게 하기 위해서요.

여: 그래도 어쩔 수 없으니까 받아들이라 이건가요? 저를 인정하는 건 하나도 없으시면서…. 너무 서운해요! '어차피 너 능력 없다' 이 얘기잖아요!

남자와 여자가 공적인 일로 대화를 하는데 여자가 감정을 조절하지 못하고 눈물을 보인다면 대부분의 남자는 당황해서 어쩔 줄 모른다. 이 대화에서 직장 상사인 팀장이 잘못한 것은 없다. 다만 상대에 대한 이해가 2% 정도 부족한 것이 아쉬울 뿐이다.

정아은의 소설 《잠실동 사람들》에서는 여자가 원하는 대화방식에 대해 아주 명확하게 소개하고 있다.

* * *

가사 도우미 일을 하고 있는 선화는 일을 하는 날이 아닌데 불쑥 해성 엄마
의 집으로 찾아갔다. 가끔 해성 엄마가 쓰지 않는 살림살이를 모아주기 때
문에 오늘도 혹시나 해서 찾아간 것이다.

"기왕 오신 거 들어오세요. 다음부턴 이렇게 불쑥 오시는 건 안 해주셨으면 좋
겠네요. 아니면 미리 전화를 주시든가. 전 예고 없이 찾아오는 사람 딱 질색이
거든요. 오늘은 선의로 와주신 거니까 좋은 마음으로 받아들일게요."

선화는 해성 엄마가 물러선 틈으로 얼른 발을 들이밀었다. 너무 직설적이라
당혹스러울 때도 있지만 선화는 해성 엄마의 이런 점이 좋았다. 의사를 뚜렷
하게 표현하니까 선화가 어떻게 해야 할지 확실히 알 수 있었다. 집안일을 시
킬 때도 해성 엄마는 또렷한 음성으로 무얼 해야 하는지 상세하게 알려주었
다. 그 당당한 태도 때문에 선화는 '나이도 어린 게 나를 종 부리듯 하네'라는
생각을 품지 않고 당연한 듯 일하게 됐다. 망설이면서 조심스럽게 일을 시키
는 지환 엄마와는 완전히 딴판이었다. 지환 엄마는 시키고 싶은 일은 많은데
말을 하지 못하고 끙끙대다가 겨우 한 가지를 말해놓고 선화가 알아서 모든 걸
해주길 바라는 스타일이다. 대놓고 화를 낸 적은 없지만 지환 엄마가 자신에
게 불만이 많다는 것을 선화는 일찌감치 눈치채고 있었다. 그래서 지환이네서
일하고 나오면 마음이 늘 찜찜했다. 불만을 꾹꾹 삼키며 공손한 태도를 유지
하는 지환 엄마보다, 너무하다 싶을 만큼 명령조로 일을 시키는 해성 엄마에
게 더 호감이 가는 것은 선화가 생각해도 희한한 일이었다.

여자는 정확한 피드백을 선호한다

+

'남성의 79%가 여자들에게 비판적이고 시기적절한 피드백을 해줄 때 신중하게 돌려 말해야 한다고 생각한다.'

'여성의 82%는 남자들에게 정확하고 직접적인 피드백을 받고 싶다고 말한다.'

존 그레이의《직장에서 만난 화성남자 금성여자》[9]에 나오는 통계인데, 같은 주제를 놓고 여자와 남자는 정반대의 이해를 하고 있는 것이다. 더 쉽게 얘기하면 남자와 여자가 데이트를 할 때 여자는 스테이크를 먹든 떡볶이를 먹든 확실하게 남자가 의견을 제시하면 대부분 따르거나 그때서야 본인의 생각을 얘기한다. 그런데 '응. 아무거나'라거나 '너 먹고 싶은 거로 하자'라고 말하는 남자에게는 매력을 느끼지 못한다. 공식적인 업무에서도 마찬가지다. 무엇이든 여자에게 직접적이고 정확하게 커뮤니케이션 해야 한다.

다시 앞서 예를 들었던 남자 팀장과 여자 대리와의 대화를 보면, 남자 입장에서 보기에 이 여자는 분하고 억울하기 때문에 감정을 자제하지 못한다고 판단할 것이다. 그래서 다음으로 미루는 것이 최선이라고 생각하고 확실하게 매듭을 짓지 못한 채 대충 마무리를 했을 것이다. 이런 식의 대화는 두 사람 모두에게 도움이 되지 않는다. 대부분의 남자는 여자에게 업무 지시를 할 때나 혹은 결과가 불확실한 상황, 민감한 주제를 다룰 때는 여자의 감정 변화를 의식한 나머지 매우 조심하는 경향이 있는데 이건 여자를 잘 모르기 때문에 생기는 일종의 커뮤니케이션 에러이다.

그렇다면 만약 이 글을 읽는 사람이 남자가 아니라 여자라면 울고 있는 대리를 어떻게 이해할까? 오히려 여자는 긍정적으로 받아들일 수 있다. 여자의 울음을 본 여자는 아마도 낮은 평가에 대한 분노나 두려움에 대한 반응이 아니라 일에 대한 열정 때문에 나온 반응이라고 생각할 것이다. 그래서 감정적인 위로보다는 냉정해 보이더라도 지금 하고 있는 일이나 다음 계획에 대해 구체적으로 업무 지시를 하는 편을 훨씬 선호한다.

이런 경우는 여자와 남자 둘 다 알아들을 수 있는 얘기인데 희한하게도 이해는 정반대로 하는 경우다. 남자와 여자이기 때문에 시각 차이가 확연히 드러난다. 그래서 남자라면 여자가 원하는 것이 무엇인지 정확하게 인지하고 있어야 하지 않을까? 무엇보다 여자는 먼저 무엇을 어떻게 해야 할지 구체적이고 정확하게 짚어주고 지시하는 것을 훨씬 선호한다. 그리고 나서 감정을 헤아려 준다면 훌륭한 남자가 될 수 있고 좋은 직장 상사, 동료가 될 수 있다.

04
사람들은 믿고 싶은 것만
믿는다

#확증편향 #편견 #첫인상 #다양성

영화 〈타짜〉에서 악덕 사채업자이자 노름꾼으로 나오는 곽철용(김응수)이 고니(조승우)에게 하는 대사 중 이런 말이 있다.

"내가 달건이(건달) 생활을 열일곱에 시작했다. 그 나이 때 달건이 시작한 놈들이 100명이다 치면은, 지금 나만큼 사는 놈은 나 혼자뿐이야! 나는 어떻게 여기까지 왔느냐? 잘난 놈 제끼고, 못난 놈 보내고… 안경잽이 같이 배신하는 새끼들, 다 죽였다!"

지금은 안경 쓴 사람들이 하도 많아서 이제는 없어진 말이지만 예전에는 택시 기사들이 첫 손님으로 안경 쓴 사람은 절대로 안 태운다는 얘기가 있었다. 안경 쓴 사람을 태우면 그날 하루 종일 재수가 없다나 뭐라나… 안경 쓴 사람들이 무슨 죄라고…

이렇게 말도 안 되는, 그리고 정확하게 검증되지 않은 편견과 아집들은 생각보다도 더 많이 우리 생활에 영향을 미친다. 왜냐하면 사람들은 자신의 믿음과 생각에 일치하거나 비슷한 의견에는 적극적으로 수용·동조하지만 조금이라도 자신의 믿음과 배치되는 것들이 있으면 냉정하게 배척하기 때문이다. 이런 잘못된 신념은 성공을 많이 거둔 사람일수록, 알고 있는 지식이 많은 사람일수록 그 증세가 더 심하다. 이런 심리상태를 확증편향(confirmation bias)이라고 하는데, 자신의 신념과 일치해서 확신할 수 있는 증거는 수용하지만 자신의 주장을 반증하거나 부정하는 증거에 대해서는 철저하게 배척하고 무시하는 경향이다.

* * *

문유석의 소설 《미스 함무라비》에서도 확증편향이 사람을 얼마나 위험하게 만드는지 잘 묘사하고 있다. '전관예우'라는 주제에 대해 법원 구내식당에서 판사인 임바른과 정보왕이 나누는 대화다.

"그나저나, 밖에서는 왜 아직도 전관 효험이 있다고 확신하는 걸까요? 큰돈을 써가며."

"녹용이나 해구신은 현대 의학으로 효험이 입증돼서 비싼 거겠어? 어차피 재판 결론에 무엇이 영향을 미쳤는지는 데이터로 검증이 되는 게 아니잖아. 자기가 질 만해서 졌다고 납득하는 사람이 과연 있을까? 다른 이유가 작용했다고 믿는 것이 훨씬 받아들이기 쉽겠지. 학원이 좋아서 명문대에 가는 건지 원래 갈 만한 애들이라서 가는 건지 정확히 알 수는 없지만, 일단 믿져야 본전이니 비싸도 유명학원에 가려는 심리 같은 거 아닐까? 게다가 사건이 몰리는 전관 변호사는 승소 가능성이 높은 될 만한 사건을 골라서 맡을 수 있으니 성공률이 높을 수밖에 없고, 그로 인해 사건이 또 몰리는 나름의 선순환이 생기겠지."

상식적으로 생각해도 마지막 문장이 가장 합리적이지 싶다. 법원에서 높은 직책을 맡았던 전관 변호사가 질 만한 소송을 맡을 리 없지 않은가? 하지만 현실은 그렇지 않은가 보다. 다음은 거액을 쓰고도 소송에 진 사람과 소송 브로커와의 대화이다.

* * *

"큰소리 치더니 결국 졌잖아! 당신들 모두 사기로 고발할거야!"

"사장님, 이거 놓고 이성적으로 좀 얘기합시다."

"뭐야 인마!"

"막말하지 마세요! 자자, 좀 차분히 앉아서 얘기를 들어봐요. 우리는 최선을 다했지만, 상대방은 대기업 아닙니까. 우리나라 5대 로펌을 썼잖아요. 그 로펌에는 바로 여기 법원장 출신이 떡하니 버티고 있다 이 말입니다. 우리는 친분 있는 변호사 라인으로 밀었는데, 그쪽은 위 라인으로 조진 거지. 사장님이 돈만 더 썼으면 우리도 법원장 출신을 추가 선임할 수 있었는데 그렇게 안 하셨잖아요. 이건 정정당당한 싸움에서 무기 부족으로 진 거라고요."

"……"

"이판사판인데 달러 빚을 내서라도 항소심에서는 더 높은 고위직 출신으로 선임하시죠. 법조계 인맥은 다 내 손바닥 안에 있다니까."

생각하기 싫어 서둘러 결정하는 뇌의 오류

✚

브로커의 말 중에 '정정당당한 싸움에서 무기 부족으로 진 거다'는 말이 재미있다. 법리를 따져서 잘잘못을 가리는 게 재판에서의 정정당당한 싸움 아닌가? 그런데 브로커에게 정정당당한 싸움은 '보다 높은 직책의 전관 변호사'라는 무기 준비에서 비롯된다. 그리고 그 말에 노발대발하던 사람이 금새 아무 말 못하고 풀이 죽고 만다. '전관예우'라는 브로커의 확증편향에 무릎을 꿇은 셈이다. 제3자 입장에서 본다면야 말도 안 되는 실없는 얘기처럼 보일 수 있지만, 정작 나에게 이런 일이 닥치면 꼼짝 없이 확증편향의 포로가 될 가능성이 높다. 특히 임바른 판사의 말처럼 정확한 데이터 없이 애매모호하고 복잡한 상황이라면 확증편향은 더더욱 위력을 발휘한다.

한 번 확증편향에 빠지기 시작하면 그 수렁에서 벗어나기란 좀처럼 쉽지 않다. 왜냐하면 새로운 정보가 자기 논리와 선입관에 맞지 않는다면 그 정보는 틀린 정보로 자동으로 인식하고, 본인 신념에 맞는 정보만을 계속 선택하면서 그 신념은 점점 더 굳어진다. 또 자기 합리화를 통해 모든 정보를 본인에게 유리한 쪽으로 해석을 하고 결국 편견을 강화하게 된다.*10

아주 쉬운 예로 '첫인상'에도 확증편향이 그대로 나타난다. 누구나 그렇듯이 첫인상으로 후한 점수를 받기는 쉽지 않다. 물론 처음엔 호감도가 낮은 첫인상이라 할지라도 이후에 노력을 통해 호감도를 점점 높일 수 있지 않을까라는 생각을 할 수 있겠지만, 이성보다는 감성이 앞서는 인간에게는 아주 가능성이 낮은 얘기일 뿐이다. 일단 첫 대면에서 무언가 부정적인 정보로 인해 낮은 점수를 받은 사람은 그 이후가 더더욱 힘들고 고되다. 일단 처음에 부정적인 정보가 입력되면 그 이후부터는 무엇이든 단점만을 찾으려고 자동적으로 뇌가 움직이기 때문이다. 그러면서 처음의 확증편향 이 더욱 강해진다. 반대의 경우도 마찬가지이다. 한 번 첫인상으로 높은 점 수를 받은 사람은 좀처럼 그 점수가 떨어지지 않는다. 처음부터 예쁜 사람 은 그 다음부터는 뭘 해도 예쁘게 보인다.

그래서 '하나를 보면 열을 안다'는 말처럼 잔인한 말도 없고, 그냥 막연 하게 '느낌이 안 좋다'는 말도 아주 조심스럽게 사용해야 하는 무시무시한 말이다. 그 막연한 느낌 때문에 사람들은 자신도 모르게 확증편향의 늪에 빠지기 때문이다.

그리고 결정적으로, 사람들은 자신이 지금껏 믿고 있던 어떤 신념에 흠 이 가는 것을 본능적으로 싫어한다. 또 반대의 정보나 신념에 관심을 가지 고 자신을 돌아보는 수고를 하지 않는다. 피곤한 뇌는 바로바로 자동적으 로 답이 나오는 것만 선호한다.

사실 이렇게 누구나 실수할 수 있고, 누구에게나 독하게 자리잡을 수 있 는 확증편향을 단시간에 바로 잡을 수 있는 방법은 사실상 없다. 그저 '틀 리다'가 아닌 '다르다'를 늘 염두해야 한다. 그리고 머리는 좀 피곤하겠지 만 항상 '다양성'을 존중하는 마음가짐을 지녀야만 편견과 아집을 멀리할 수 있고, 결국에는 충실하고 원활한 소통에도 결정적인 도움이 된다. 그래 서 여러 세계를 만날 수 있고, 또 다양한 사람을 만날 수 있는 소설 읽기가 원활한 소통력을 키우는 데 큰 역할을 할 수 있다고 본다.

05
사람들은 말보다
말한 사람을 먼저 본다

#권위 #전문성 #복종 #자동반음

　나는 외부에서 강의를 할 때 다른 강사들보다는 비교적 수월하게 강의를 시작하는 편이다. 왜냐하면 아주 유명하진 않지만 그렇다고 아예 처음 보는 사람은 아니기 때문이다. TV홈쇼핑을 즐겨보지 않더라도 이리저리 채널을 돌리다가 최소한 몇 번은 본 얼굴이어서 그런지 '쇼호스트'라고 소개를 하면 그제서야 '아하' 하면서 대부분 편안한 시선으로 바뀌고 편하게 강의를 듣는다.

　문제는 나를 처음 보는 사람들이다. 특히 TV홈쇼핑에 관심이 아예 없어서 한 번도 TV홈쇼핑 방송을 보지 않은 사람들이거나 아예 케이블 채널을 보지 않는 사람들은 일단 나를 보는 눈빛부터가 다르다. 친근한 것과는 정반대 쪽에 있을 법한 어딘가 경계하는 눈빛, 이런 눈빛을 강의 처음부터 마주하면 나도 사람인지라 상당히 부담스럽고 나도 모르게 어깨에 힘이 들어가면서 말투나 행동이 부자연스러워 진다. 이럴 때 긴장한 티가 나면 강의를 듣는 상대는 경계를 넘어서 아예 무시를 해버리고 강의 자체에 관심을 기울이지 않는다. 아무튼 이때부터 나와 다수의 사람들의 팽팽한 기 싸움이 시작되는데 결과는 5분도 되지 않아 싱겁게 끝나는 경우가 대부분이다.

무슨 이야기인가 하면 내가 '쇼호스트 문석현입니다'라고 밝히는 순간 나를 경계의 눈빛과 무관심한 표정으로 바라보던 사람들의 시선은 일제히 스마트폰으로 향한다. 그리고 검색 창에 '문석현'이나 '쇼호스트 문석현'을 입력하고 나에 대해 알아보기 시작한다. 그리고 그 다음은? 다행히도 경계와 무관심은 사라지고 다소 따뜻한 눈빛의 시선들이 나를 반겨준다. 그러면 기 싸움이고 뭐고 할 것도 없다. 나에 대한 부연 설명 없이 그냥 준비한 것들을 풀어 놓으면 된다. 포털사이트에 있는 나에 대한 내용과 기사들 덕분이다. 그런 글들의 제목만 대충 훑어보고도 사람들은 나에 대한 태도 자체가 바뀐다. 가끔 쉬는 시간이 되면 굳이 나에게 다가와 하지 않아도 될 말을 하는 분들이 더러 있다.

"아, 저는 처음 보는 분이라 누군가 하고 검색해 봤더니 대단한 분이더군요. 역시 강의도 정말 좋으시네요. 오늘 꽤 피곤했는데 정말 잠을 못 잘 정도로 재미있습니다."

단순하게 자랑을 하려는 게 아니라 이런 말을 들을 때면 나는 정말 궁금해진다. 나에 대한 검색 결과를 보고 나서 강의가 흥미로워진 것인지, 아니면 나의 강의 자체가 재미있다는 것인지 말이다.

박주영의 소설《백수생활백서》에는 매사 제멋대로 행동하는 '유희'라는 학생이 있다.

유희는 수업을 자주 빠지고 툭하면 조퇴를 하고 결석도 자주 했지만 다른 아이들과 달리 유희는 요주의 인물이 아니었다. 선생들은 유희의 성적이든 배경이든 외모든 그런 것들에 속아서 유희의 말이라면 대부분 신뢰했고 의심을 하는 경우 유희는 어떻게 그런 거짓말을 생각해 냈을까 싶을 정도의 고도의 거짓말로 무마시키곤 했다.

툭하면 수업을 빠지고 조퇴를 하는 학생, 수업시간에는 과목 불문하고 내내 잠만 자는 학생. 누가 봐도 문제아인 학생. 더구나 뻔뻔하게 거짓말까지 하면서 선생님을 속이는 학생이라면 누군가가 똑 부러지게 버릇을 고치거나 최소한 상담이라도 했을 텐데. 그 어떤 선생님도 유희의 못된 버릇에는 관심이 없었다. 그 이유는? 책에 나온다.

학교 다닐 때 그녀가 그렇게 사고를 치고도 무사했던 이유는 유희가 전교 1, 2등을 다투는 수재 아니 천재였기 때문이다.

그리고 유희는 성적 외에도 남들에게 인정 받을 수 있는 무기가 또 있다.

유희는 어디 가서도 미움 받을 타입은 아니다. 유희 자신이 아는지 모르는지 잘 모르겠지만 유희는 일단 생긴 것 덕을 본다. 얼핏 보면 착하고 순하게 생겼다. 그 외모 덕이 3개월은 간다. 유희가 이상한 짓을 해도 사람들은 실수를 하는 거라 믿고 싶어 한다. 하지만 그건 대부분 실수가 아니라 명백한 고의다.

사람들은 보고 싶은 것만 본다

+

《설득의 심리학》*¹¹의 저자인 로버트 차일디니는 일상생활에서 흔하게 접할 수 있는 '권위에 대한 복종'에 대해 "사실상 우리의 행동은 권위자의 명령에 대해 옳고 그름을 분석하지 않고 거의 무의식적 차원에서 자동적으로 이루어질 수 있다"고 지적하고 있다. 그러니까 메시지의 내용보다는 메시지 발신자가 누구냐에 따라 판단이 더 크게 좌우될 수 있다는 얘기다. 생각해 보면 아주 위험한 얘기이다. 그럼에도 불구하고, 우리는 평소에 아무런 스스로의 보호장치 없이 메시지 발신자의 권위·전문성·매력도에 크게 휘둘리고 있다. 그리고 휘둘리고 있는 사실조차도 모를 때가 많다. 뒤늦게 알아차리고서 후회하는 경우도 아주 흔하다.

"느그 서장 남천동 살제? 내가 임마 어! 느그 서장이랑 임마 어! 같이 밥도 묵고 사우나도 가고 임마 다 했어!!"

"아… 그래예? 그럼 일단… 사과를 드려라."

"죄송합니다."

영화 〈범죄와의 전쟁〉에 나오는 대사인데 한 번 듣고 계속 기억에 남은 대사 중 하나다. 왜 이 대사가 두고두고 기억에 남을까?

운전을 하다가 수억 원을 호가하는 외국 차가 깜박이를 켜고 들어오면 나도 모르게 양보하는 경우가 많다. 그런데 내 차보다 작은 배기량의 차나 버스·트럭 등이 깜박이를 켜면 인정사정 없다. 절대로 인내심을 발휘하지 않는다. 어릴 때를 생각해 보라. 다른 친구들 말은 절대 듣지 않아도 반장이 하는 말은 일단 수긍을 한다. 선생님들도 공부 잘하는 학생에게는 관대하다.

이런 권위에 대한 사회적 복종은 어른이 되어서도 그대로 남는다. 그리고 더 큰 문제는 우리의 급한 성격이다. 앞서도 언급했듯이 어떤 사람의 타이틀 몇 개만 대충 듣고서는 서둘러서 그 사람의 전문성이나 권위를 인정해 버리는 태도이다. 본인이 듣고 싶은 것, 보고 싶은 것만 보고 성급하게 결론짓고, 자신의 판단에 대해 맹신하는 성향이 우리는 강해도 너무 강하다. 그래서 결국 실체를 보지 못한다.

따라서 남들에게 강한 인상을 주기 위해서는 적당하게 전문용어도 사용하고 남들이 감히 범접 못할 나만의 전문영역을 만드는 것도 중요하다. 그리고 남들보다 수려하진 않아도 매력적으로 연출하는 것도 매우 중요하다. 나의 권위가 돋보일수록 상대는 더 쉬워지니까. 그러다 보니 영화 〈범죄와의 전쟁〉에 나오는 형사의 어수룩한 모습을 그냥 웃어 넘기기엔 뭔가 개운하지가 않다. 누구에게나 저 형사보다 더 어처구니 없는 행동을 했던 경험이 있을 것이고, 그래서 크게 손해 봤던 쓰라린 경험이 있을 것이니 말이다.

정보가 과하게 쏟아지는 사회에 살다 보니 우리는 자신도 모르게 상대의 권위에 아무 생각 없이 자동적으로 반응할 때가 많다. 그리고 그 다음 스스로의 행동을 자책하지만 안타깝게도 또 실수를 반복할 확률이 높다. 문제는 껍데기가 아닌 알맹이인데도 말이다.

06
눈앞의 이익을
확실하게 보여줘라

#확실한_이익 #선택 #확률 #가능성

연봉 계약을 하는데 회사에서 두 가지 안을 제시했다.

(a) 현재의 월급은 150만원이지만, 내년 1년 월급은 회사의 성장과 상관없이 200만원으로 정한다.

(b) 회사가 1년 후에 50% 성장하면 지금의 두 배인 300만원의 월급을 주고, 50% 성장을 못하면 월급은 120만원으로 깎인다. 단 회사가 50% 성장할 수 있는 확률은 50%이다.

직관적으로 떠오르는 당신의 선택은 (a) (b) 중 어떤 것인가? 모르긴 해도 대부분 (a) 쪽에 시선이 간다. 그런데 잠깐만 계산해 보면 전혀 다른 결론이 나온다. (a)의 기대이익은 200만원이다. 그리고 (b)의 기대이익은

300×0.5 + 120×0.5 = 210만원이다. 잠깐만 계산해 보면 (b)가 유리한데 왜 대부분의 사람들은 (a)를 선택하는 것일까?

또 하나의 경우를 보자. 내가 지금 경영 실패로 사업을 접어야 하는데, 1억원의 손실이 나는 상황과 2억원의 손실이 나는 상황이 있다. 1억원의 손실을 선택하면 그대로 1억원만 잃게 되고 확률은 100%이다. 2억원의 손실을 선택하면 2억원을 잃게 되는 확률은 약 60% 정도 된다. 그리고 실패하지 않을 확률, 즉 2억원을 날리지 않을 확률도 40%나 된다. 어떤 방법을 선택하겠는가?

이번에는 앞과는 반대로 60%의 확률에 눈이 간다. 그렇다면 이것도 합리적으로 계산을 하면 된다. 1억원 100%의 기대손실은 그대로 1억원이다. 그러면 두 번째는 2억원×0.6 = 1억 2,000만원이다. 정신이 제대로 박힌 사람이라면 1억원의 손실을 선택해야 옳다. 하지만 이런 선택을 쉽게 하는 사람은 거의 없다.

대니얼 카너먼의 《생각에 관한 생각》[*12]에 나오는 내용을 각색해서 소개한 것인데, 결론은 이렇다. 사람들은 이익을 생각하게 되면 우선 확실한 것에 집착하게 된다. 내 주머니에 확실히 얼마가 들어오느냐가 중요하다. 반대로 내 주머니에서 나가는 것은 확실한 것은 피하고 혹시라도 모르니 확률이나 가능성에 집착하게 된다. 주식을 생각하면 이해가 빠르다. 일단 손실이 나면 두고 본다. 누구나 당장의 손실을 꺼리기 때문에 불확실한 손실에 의지하게 된다. 사정이 이러니 사람들은 스스로 해서는 안 되는 판단, 어처구니 없는 결정을 내리는 경우가 많다.

* * *

이혜인의 소설 《열정, 같은 소리 하고 있네》에서 주인공 이라희는 영화 담당 기자를 꿈꾸는 새내기 직장인이다. 좋은 대학을 나오고 어학연수까지 수억원의 교육비를 투자한 후, 치열한 경쟁을 거쳐 드디어 연예스포츠신문사 '스포츠엔터'에 입사하게 된다. 하지만 기쁨도 잠시, 회사 첫 출근 날 주인공과 동기들은 정식 기자로 입사한 것이 아니라 인턴 기자로 입사한 것을 알게 된다. 정규직이 아닌 계약직 사원이다.

경영지원팀 팀장이 방 안에 들어섰다. 그리고 계약서를 나눠줬다. 인턴기간 1년, 월급은 50만원. 50만원? 가방 한 개도 못 사는 돈이다. 체육부 인턴은 두 눈을 비비며 계약서를 뚫어지게 쳐다보고 있다. 표정만 봐선 당장 저 팀장과 한판 붙을 기세다. 하지만 섣불리 나서지 않는다.

"1년 후엔 어떻게 됩니까?"

"그건 그때 생각해 보지. 왜? 맘에 안 드나? 그만둘 거면 빨리 말해. 대기자가 넘쳐나거든. 여기 안 보여? '나 좀 뽑아주세요. 자리가 비는 즉시 전화주세요!' 으허허허."

팀장이 서류 뭉치를 쥐고 흔들며 여자 목소리를 흉내 냈다. 저걸 지금 웃으라고 하고 자빠진 건가. 내가 회사에 대해 별로 아는 것은 없지만, 이 신문사가 뭔가 이상하다는 것은 충분히 직감할 수 있다. 빨리 발 빼는 게 좋겠다.

똑똑하고 현명한 주인공 이라희는 출근 첫날부터 회사의 이상한 분위기에 실망하고 있던 순간, 생각하지 못한 장면을 목격한다.

"다음에 뵙겠습니다."

장근석의 목소리가 울려 퍼진다. 장근석이 돌아서서 편집국을 빠져 나간다.

나는 그에게서 눈을 떼지 못한다. 입도 다물지 못한다.

뭐, 조금은 다녀보는 것도 괜찮을 것 같다. 나에 대한 회사의 대우에 대해서 몇 가지 이해 안 되는 부분이 있지만 그냥 지나가기로 한다.

유명 연예인의 등장에 주인공의 감정상태가 급반전을 이뤘다. 그 이후 이라희는 하루 12시간 이상의 근무를 강행하고, 간부로부터 성희롱까지 당한다. 급기야는 본인의 기사를 완전히 다른 내용으로 바꾸는 선배의 횡포를 온몸으로 뒤집어 쓰는 수모를 당한다. 이를 바득바득 갈면서도 꿋꿋하게 참다가 드디어 월급날이 왔고, 통장을 확인하니 정확하게 50만원이 입금된 것을 확인한다.

나는 지난 한 달간, 이 회사 말고는 아무것도 떠올리지 않았을 만큼 내 모든 것을 바치다시피 했다. 이제야 현실이라는 단어가 내 뒷목을 묵직하게 누른다.

막다른 골목이다. 다른 회사에 지원하기엔 이미 늦었다. 적어도 내년 봄 신입사원 모집기간까지는 백수 노릇밖에 할 게 없다. 아직 철이 안 들었는진 몰라도, 작고 평범한 회사는 영 당기지가 않았다.

이유가 뭐가 됐든 이라희는 이 회사를 나가는 것이 맞을 것 같다. 당장의 50만원이 중요한 것이 아니다. 회사의 선배들은 50만원짜리 유급 사회경험을 빌미로 해서 머리카락부터 발톱까지 남김 없이 다 부려먹을 게 뻔하다. 그러나 이라희는 그 낙담 속에서도 이 희망 없는 회사를 다닐만한 확실한 이익을 나름대로 발견한다. 남이 객관적으로 보기엔 고달픈 현실을 적당히, 스스로 눈속임하는 합리화라고 생각할 것이다. 하지만 주인공은 절대 놓칠 수 없고, 확실히 챙길 수 있는 이익이라고 판단한다.

어쩌면 기자 일의 다이내믹함에 조금 반했는지도 모른다. …… 영화 쪽에서 수많은 인맥을 만날 수도 있을 것이다. 어떻게든 내 앞날에 도움이 될 사람들이다. …… 영화 담당 기자가 차선책이다. 조금 돌아간다 해도 난 아직 젊으니까, 괜찮을 거다. 까짓 거, 열심히 해서 나중에 많이 벌면 된다. …… 정식 기자가 되면 지금 몇 십만 원씩 빌려둔 게 큰 빚도 아닐 것이다. …… 언젠가 멋진 영화 담당 기자가 되면, 그래서 내 이름으로 칼럼도 쓰고, 책도 내고, 방송도 출연하면, 오늘날의 고생은 하나의 무용담에 지나지 않을 것이다.

사람은 확실한 이익에는 확실하게 집착한다

+

과연 그럴까? 중요한 것은 지금 이라희는 본인이 만들어낸 이익에 집착을 하고 있다. 더 위험한 것은 스스로의 상상으로 만들어 낸 이익이 아주 확실하다고 믿고 있다는 것이다. 그리고 회사를 나가게 됐을 때 당장 사라질 확실한 손실 50만원이 사라지는 것에 대해서도 두려움이 크기 때문에 당장 나가야 할 회사를 그만두지 못하고 있다.

홈쇼핑에서 금(Gold) 방송을 준비하다가 떠오른 아이디어인데, 금이 당장은 이익이 되지 않아도 묵혀놓으면 일단은 언젠가 몸값 이상을 한다는 생각이 들었다. 분명한 이익이 아닌가? 앞서 언급한 대로 사람들은 이익이 확실하다면 물불을 안 가리는 본능이 있다. 그래서 지체 없이 코멘트를 준비했다.

"뭉칫돈을 집에 보관하고 있다고 그 돈이 저절로 불어나지는 않습니다.

하지만 금이라고 생각하면 얘기가 달라집니다. 시간이 갈수록 반짝반짝 빛이 나고 활활 타오르는 자산관리입니다. 목돈 없이도 시작할 수 있으니 고민할 이유가 있을까요?"

"스마트폰 이용자 3명 중 1명은 통신비로 월 8만원 이상을 쓴다고 합니다. 습관적으로 만지작거리는 스마트폰 습관만 줄여도 이게 금으로 바뀔 수 있습니다. 사소한 습관이 위대한 이익으로 바뀔 수 있습니다."

다른 사람과의 대화도 기분 좋게 이끌어 가거나 훈훈하게 마무리 하려면 눈앞의 확실한 이익을 보여주면 된다. 확실한 이익이라고 믿게 하면 된다. 그 이익이라는 한마디에 흔들리지 않는 사람은 거의 없으니까! 아무리 냉철한 사람이라도 이익이 떠올려지는 순간부터 살짝 나사가 풀리게 된다.

07
사랑과 미움은
한끗 차이!

#이분법 #선택 #당신_편 #애증

직장이나 사회에는 다양한 성향의 사람들이 있다. 그리고 그중에는 반드시 이 말도 좋고 저 말에도 고개를 끄덕이는 중도의 대명사 황희 정승 같은 선배가 있다. 그만큼 후배로부터 신뢰도 높다. 반대로 본인만의 확실한 주관이라고 말은 하지만, 아부나 줄 타기를 통해 대놓고 라인을 형성하는 선배가 있다. 줄 타기를 즐기는 선배는 본인의 라인이 아니면 확실하게, 하지만 티는 나지 않게 다른 라인을 응징하는 것이 사회생활의 기본 컨셉이다.

그렇다면 중도형의 선배와 배타형의 선배 중 누가 더 후배로부터 선호도가 높을까? 상식적으로 생각하면 길게 생각할 필요도 없이 중도형, 즉 어떤 의견이든 받아들이는 선배가 더 선호도가 높을 것으로 생각한다. 하지만 사람의 판단은 상식과 합리성을 벗어나 본능에 의존할 때가 더 많다. 이성은 황희 정승 편이어도 본능은 그 반대다. 사람은 세상 거의 모든 것에 대해 '이분법'의 판단을 갖기 때문이다. 나에게 이로운지 아닌지, 나와 친한지 그렇지 않은지, 나와 의견이 잘 맞는지 안 맞는 사람인지… 나와 맞으면 좋은 사람, 그렇지 않으면 좋지 않은 사람, 어중간한 사람은 더 좋지 않은 사람으로 판단한다.

* * *

이혜린의 소설 《열정, 같은 소리 하고 있네》에서는 대형 인기 가수를 확보하고 있어 예전과는 달리 위상이 더 없이 높아진 기획사 사장. 그리고 이 기획사 사장을 예전과는 달리 마음대로 좌지우지 못해 약이 바짝 오른 연예신문 부장과의 기 싸움이 팽팽하다. 연일 부장은 가수를 비난하는 자극적인 기사를 마구 써대면서 기획사를 압박하지만, 기획사 사장은 미동조차 없다. 그러다 부하 기자인 주인공의 주선으로 화해의 목적으로 저녁 자리를 마련했는데, 서로 고개만 뻣뻣하게 세울 뿐 한 치의 양보도 없이 분위기는 폭발 일보 직전으로 가고 있다. 그러다 고향 얘기가 나온다.

"김해?" 부장의 동공이 두 배쯤 커졌다.

"야! 나는 부산이다!"

"아, 그렇습니까!" 대표는 갑자기 받아쓰기 만점 받아온 초등학생 같은 표정을 지었다. 부장은 내 귀청이 찢어지도록 껄껄 웃었다.

"부장님, 이거 인연이네요. 혹시 초등학교는 어디 나왔습니까? 저 초등학교는 부산에서 나왔습니다."

대표는 어느새 부산 사투리를 쓰고 있었다.

"내 개화초등학교 아이가!" 부장은 박수를 한번 탁 치더니, 두 팔을 번쩍 들었다.

"이 새끼! 니 어디 있다가 지금 나타났노! 야! 걱정 마라! 니 가수 내가 다 키워 줄꾸마!"

"이거 영광입니다. 형님만 믿겠습니다!"

두 사람은 벌떡 일어나더니 서로의 어깨를 감싸 안았다. 나는 황당한 표정을 숨기기 위해 고개를 숙여야 했다. 우리나라가 남북통일이 안 된 이유는 자명하다. 국민과 인민이 동기동창일 수가 없으니 말이다.

'나는 당신 편입니다'를 확실하게 보여줘라

✦

같은 고향에, 같은 학교 출신을 확인하는 순간 그렇게 밉고 꺾고 싶었던 상대는 세상 더 없는 동지가 된다. 강렬하게 미웠기 때문에 순간적으로 바뀐 긍정의 감정도 강렬할 수밖에 없다. 뇌의 같은 부분에서 신호를 보내고 있기 때문이다. 지금까지는 나와 늘 적이었던 사람이 갑자기 같은 편이 됐다. 서로 싸우는 것보다는 친해지는 것이 훨씬 서로에게 이롭다. 그렇다면 이유가 뭐가 됐든 상관이 없다. 상대편에 두자니 늘 껄끄럽고 불편했는데 같은 고향 출신이라는 훌륭한 구실이 만들어졌으니 이것으로 무조건 같은 편이 되는 거다!

이제 당신과 나는 한 배를 탄 동지! 출세를 향한 직장인의 비열한 처세라고 하기엔 무리가 있다. 이런 행동은 일부 편향된 사람들만 하는 것이 아니다. 정도의 차이가 있을 뿐이지 누구나 본능적으로 자기와 비슷한 취향과 색깔의 사람을 원한다는 것을 스스로 인정해야 한다. 그래서 위 소설이 나와는 동떨어진 사람들의 대화라고 치부해서는 곤란하다. '나는 아니야'라고 생각하는 사람이 더욱, 집요하게, 대놓고 저럴 수 있다.

영국 런던대학 세미르 제키 신경과학 교수는 성인 남녀에게 미워하는 사람과 사랑하는 사람의 사진을 보여주고 각각의 뇌를 촬영했더니 놀랍게도 두 경우 모두 뇌의 같은 부분이 활성화되는 것을 밝혀냈다. 님이라는 글자에 점 하나만 찍어서, 아주 작은 변화로도 사랑이 증오나 미움으로 순식간에 바뀌는 것은 아주 자연스러운 현상이라는 것이다. '애증'의 시작은 같다. 이 끝에서 저 끝으로 극단적으로, 순식간에 감정이 바뀌고 정반대의 판단을 내린다.[13]

그리고 사람들은 본능적으로 어중간하게 있는 걸 싫어한다. 겉으로 '싫다' '좋다'를 명확하게 표현하지는 않지만, 어딘가 한 편에 있는 걸 추구한다. 그리고 순간적인 비이성적 판단 회로에 의해 내 편이면 긍정적 감정이, 그렇지 않으면 반대의 감정이 솟구친다. 그런데 그 흐름은 순식간에 정반대로 바뀌기도 한다. 이 모든 감정이 뇌의 같은 곳에서 시작되고 완성되기 때문이다.

지금 주위에 있는 누군가를 본다면, 그에 대한 모든 이성적·합리적 평가와 판단은 뒤로 하고 그 사람이 나와 감정적으로 맞는지 아닌지를 본능적으로 먼저 판단해 보자. 그러면 그 본능이 클수록, 호감도가 강할수록 좋은 평가가 나온다. 하지만 정작 나는 나의 결정과 판단에 대해 철저하게 이성적이었음을 믿어 의심치 않는다. 그러다가 어떤 사건으로 인해 그 사람을 미워하게 된다면 전에 보였던 호감도만큼 격렬하게 그를 미워한다. '애증'

은 동시에 공존하고, 모두 뇌의 같은 곳에서 출발하기 때문이다.

'그 사람은 물에 술 탄 듯, 술에 물 탄 듯해'보다는 '그 사람은 확실히 뚜렷한 데가 있어' 또는 '그 사람은 뭐가 됐든 분명해'가 확실히 느낌이 강하고, 후자의 사람이 친근하게 느껴진다. 우리 모두가 나도 모르게 언제나 '내 편'이냐 '네 편'이냐를 구분 짓고 싶어 하기 때문이다.

누구에게든, 어떤 상황이든, 남자든 여자든, 가족이든 이웃이든, 윗사람이든 아랫사람이든, 친구가 됐든 동기가 됐든 무엇에 대해 은밀하고 조용하게 '나의 입장은 당신과 같은 이것입니다'를 밝히는 것이 원활한 커뮤니케이션에 이롭다. 그보다 더 좋은 건 무조건 '나는 당신 편이에요'를 확실하게 반복해서 심어주는 것이 더더욱 나에게 이롭다.

08
불안 본능을 자극하면
상대는 스스로 움직이다

#불안 #집중 #중간 #남들_만큼

초등학교 4학년인 소영이는 어릴 때부터 어학에 관심과 재능이 많아 학원이나 학교 선생님으로부터 칭찬을 많이 받는다. 당연히 소영의 어머니는 학원이든 학교든 어디를 가도 살맛이 난다. 우리 소영이가 어학 영재라니…. 다른 집 아이들은 영어로 머뭇머뭇 말하는데 별로 공부를 한 것 같지도 않은 소영이는 그 긴 문장의 영어를 거침없이 말한다. 그럼 소영의 어머니는 소영이에게 지금 당장 어떤 투자와 배려를 해줄 것인가? 보다 수준 높은 어학 전문학원을 알아볼까? 그래서 외국어고등학교를 목표로 올인을 해? 아니면 조금 무리를 해서라도 아예 조기유학을 보낼까? 어학 분야에 특별한 재능을 타고 난 소영이 덕분에 소영의 어머니는 행복한 고민을 하고 있을 거라고 모두들 생각할 수 있다. 하지만 소영이의 미래를 위한 어머니의 결정은?

영어에 비해 한없이 떨어지는 수학 실력을 보충하기 위해 실력 있는 수학 선생님이 있는 학원에 등록한다. 그리곤 소영이에게 "영어 성적은 이런데 수학은 이게 뭐니? 영어 성적 반이라도 쫓아가야 하잖아. 이 학원 엄청 비싼 데야. 수학 공부 열심히 해야 해. 알았지?" 어학에 천재적인 재능이 있었던 소영이는 그렇게 평범한 아이의 길로 접어든다.

내가 지금 과장을 하고 있다고? 과연 그럴까? 보는 사람에 따라 판단이 다를 수도 있겠지만 우리 모두에게 흐르는 공통의 정서를 부인해서는 곤란할 것 같다. 내가 나를 보든 내가 타인을 보든, 잘하는 것보다는 그 반대의 것에 집중을 많이 한다. 그래서 남들보다 잘하는 것을 더 부각하고 거기에 집중하기보다는 남들보다 떨어지거나 부족한 것을 못 견뎌 한다. 그래서 우리는 어릴 때부터 귀에 못이 박히게 들었던 말이 있다.

"남들보다 잘하지도 말고 뒤쳐지지도 말고 그저 중간에만 있어라."

"모난 돌이 정 맞는다."

* * *

정아은의 소설 《잠실동 사람들》은 사교육 경쟁으로 시작해 사교육 경쟁으로 끝나는 모래성 같은 소설이다. 이 소설 전체를 이끄는 힘은 물론 '경쟁'이라는 테마지만 경쟁 중에서도 최소한 뒤쳐져서 살지만은 않겠다는 굳은 경쟁 의지의 연속이다.

"저희가 너무 오래 있었나 봐요. 죄송합니다."

"당신 일찍 왔네? 전화가 없어서 늦는 줄 알았어."

안방에서 지나 손을 잡고 나오던 아내가 놀란 눈을 했다. 긴 머리 끝에 부드럽게 웨이브를 넣은 아내의 얼굴에도 검붉은 딱지가 흩어져 있었다. 한 달 전, 태민 엄마가 유명 피부과에서 잡티제거 시술을 받고 온 뒤 지환의 축구부 엄마들 두 명이 같은 병원에 가서 시술을 받았다. 150만원이라는 금액에 망설이던 아내도 결국 2주 전에 시술을 받았다. 다들 받는데 어떻게 나만 안 해. 같이 있으면 나만 자기관리 안 하는 게으른 여자처럼 보인단 말이야. 선언하듯 말한 아내는 다음 날 재시술기간이 도래한 해성 엄마와 함께 피부과에 갔다.

소설이기 때문에 낄낄거리면서 아내를 흉보고 싶지만 이상하게 마음 한 쪽이 영 묵직하다. 특히 '다들 받는데 어떻게 나만 안 해!'라는 부분, 그리고 이 부분보다 더 묵직하게 머리를 강타하는 문장은 이 소설에서 수두룩하다.

* * *

책상엔 어느새 강아지의 모습이 그려져 있었다. 수정은 화를 참기 위해 크게 심호흡을 했다. 애는 대체 커서 뭐가 되려고 이럴까. 길 가다 강아지나 고양이를 보면 넋을 놓고 쫓아가고, 주머니엔 달팽이나 귀뚜라미, 심지어 개미들까지 넣고 다닌다. 빠른 애들은 벌써 해리포터를 원서로 줄줄 읽는다던데, 얜 왜 이리 철딱서니가 없을까.

"너 오늘 로피아 갔었잖아! 레벨이 낮아서 못 다닌단 얘기 들었잖아!"

결국 소리를 지르고 말았다. 로피아란 말이 나오자 지환은 얼른 눈을 내리깔았다.

"혹시 기죽을까 봐 별말 안 했더니 이게 진짜 괜찮은 줄 알고 있어. 야. 허지환! 너 지금 큰일이야! 네 친구들은 다 미국 초등학교 3, 4학년 애들 보는 교과서로 공부하고 있는데, 넌 그 학원에 들어가지도 못한대. 엄마 말 듣고 있어, 지금?"

지환이 엄마의 얘기는 한마디로 요약이 가능하다.

'제발 지환아, 다른 아이들 하는 만큼만 해 줘! 이걸 못하면 너나 나나 여기서 끝이야.'

TV홈쇼핑에서도 아이템을 막론하고 가장 쉽게 쇼호스트가 응용하는 코멘트가 '이 정도도 안 하면… 곤란한데…' 이런 것들이다.

〈홍삼방송〉

"이것 먹고 식스팩 만들어지는 것 아니에요. 또 이거 먹는다고 몸짱 되는 것도 아니죠. 하지만 생각해 보세요. 우리 아이가 지금 앉은 자리에서 5분만 더 공부할 수 있는 집중력, 내 남편이 출근할 때 환승역에서 떠밀려 가지 않고 힘차게 뛰어서 환승할 수 있는 힘이 생긴다면 얼마나 좋겠어요? 그러기 위해서는 지금보다는 조금만 더 건강할 필요가 있잖아요? 그렇다면 지금 보시는 이 홍삼이 딱입니다. 이 정도도 안하고 어떻게 그런 힘을 바랄 수 있겠어요?"

〈관절 건강기능식품〉

"친구들은 여행이다 뭐다 재미있게 사는데 나는 아파서 움직이지도 못하겠다. 이건 아니죠. 그래서 ○○○○○○가 필요합니다. 또래보다 앞서가진 못할 망정 뒤쳐지진 말아야죠."

"관절만큼은 대부분 이런 생각을 하십니다. 전보다 나빠지지 않으면 성공이라고요. 전보다 나빠지지 않은 게 성공이면 ○○○○○는 서프라이즈에요."

언제나 주위를 의식하며 불안해 하는 사람들

✛

우리는 확실히 성공을 위해 한 걸음씩 전진하는 것보다는 실패를 피하기 위해 몸을 사리는 데에 익숙하다. 그래서 남들이 실패하는 것에 안도하고 내가 그보다 못하지만 않으면 성공이라고 판단한다. 남들보다 더 받는 것도 원치는 않지만 남들보다 덜 받는 건 죽도록 싫어한다. 그래서 늘 하는 말이 '남들 하는 만큼'이다.

항상 '남들 하는 만큼'을 신경 써야 하니까 '남들 하는 만큼'을 못했을 때에는 늘 불안할 수밖에 없다. 남들 다 가는 학원을 못 가면 괜히 불안하고, 남들 다 가는 대학을 못 가면 인생이 끝나는 것처럼 불안하고, 남들 다 하는 피부관리를 안 하면 뒤떨어진 엄마 취급을 받을까봐 불안하다.

무엇이 됐든 '남들 하는 것'이라는 판단이 서면, 그것은 죽었다 깨어나도 따라잡아야 할 Must List가 된다. 무조건 달성해야 하고, 일단 달성하고 나서 주위를 둘러봐야 한다. 여기에 치열한 경쟁상황까지 덧붙이게 되면 스스로를, 스스로의 판단이나 주위를 냉정하게 바라볼 수 있는 힘은 온 데 간 데 없이 사라지고 만다. 우리는 본능적으로 불안하니까. 그래서 불안 본능을 자극하면 누구든지 마음이 흔들린다. 결론적으로 이 한마디가 결정적인 한 방이 될 수 있다.

"그저 남들 만큼만! 아니면 불안하니까!"

09
일단 끝까지
가보자는 심리

#매몰원가 #비합리적_판단 #평판 #후회할_결정

직장인 5년차 승구 씨는 '몸짱'의 부푼 희망을 안고, 그러나 사실은 자꾸 나오는 아랫배를 어떻게든 줄이기 위해 연회비 100만원의 거금을 내고 고급호텔 피트니스에 등록을 한다. 시설도 훌륭하고 그리고 회원들 중에는 매력적인 여자들도 많아서 승구 씨는 퇴근 후 운동을 하는 것이 즐겁기만 하다. 영업을 해야 하는 직업상 사람들과의 잦은 술자리 때문에 매일 들르지는 못해도 초반에 들인 돈이 너무 아까워 이를 악물고 일주일에 서너 번은 꼬박꼬박 운동으로 채웠다. 하지만 그런 노력도 잠시, 운동을 한지 두 달쯤 지났을 때 그만 허리를 다치고 만다. 병원에 가니 의사는 당장 무리한 운동은 하지 말고 치료에만 전념하라고 충고한다.

승구 씨는 고민한다. '그럼 지금이라도 피트니스를 끊어야 하나?' 약관을 보니 이미 두 달이나 지났기 때문에 연회비의 25%도 돌려 받지 못할 판이다. 고민에 고민을 거듭하다 보니 허리가 더 아픈 것 같다. 매일매일 아픈 허리를 짚어가며 고민을 하다 승구 씨는 결심한다.

'그래, 들인 돈이 얼만데… 조금씩 참아가면서 살살 해보자.'

이 글을 읽고 있는 독자라면 이런 상황에서 어떻게 하겠는가? 당장 나에게 닥친 일이 아니기 때문에 그리고 남의 일이기 때문에 이런 상황에서는 객관적인 판단이 가능하다.

'당연히 피트니스를 포기하고 적은 금액이라도 돌려 받아야지.'

하지만 정작 내 일이라면 자꾸 돈 100만원이 눈앞에 아른거리면서 판단력이 흐려진다. 그리고는 승구 씨의 결론과 같은 결정을 할 확률이 높아진다.

5년 동안 연애를 해 온 두 사람이 있다. 이제 나이도 있고, 두 사람의 부모님도 서로의 존재를 아니까 결혼할 일만 남겨두고 있고, 두 사람도 결혼을 당연하게 생각하고 있다. 그런데 최근 유난히 다툼이 잦다. 남자는 여자의 억척스러움이 부담되고 여자는 남자의 잦은 술자리가 마음에 들지 않는다. 처음에는 여자의 생활력과 남자의 친화력이 장점으로 보이면서 호감이 생겼는데, 어느 정도 익숙해 지니까 애초에 내가 원했던 이성상이 아니었음을 깨닫게 된 것이다. 두 사람은 표현은 하지 않지만 마음 속에 항상 해결되지 않는 고민이 있다.

'이쯤에서 깔끔하게 헤어질까?'

'솔직하게 속마음을 표현해야 하지 않을까?'

그리고 바로 뒤따르는 고민.

'지금까지 5년이나 만났는데? 지금 헤어지면 나는 또 누구를 만나야 하지? 벌써 낼 모레면 삼십 중반인데…'

* * *

정길연의 소설집 《우연한 생》 중 '자서(自序), 끝나지 않은' 편을 보면 주인공 '나'는 4년째 앓아 누워 있는 남편의 병수발을 들고 있고, 그 남편의 세 번째 아내이다.

'나'의 남편은 나보다 열세 살이나 많으며, 조폭 출신에 두 번이나 결혼하고도 안정을 찾지 못하고 나를 만났다. 그리고 '나'는 그런 남편의 꼬임에 넘어가 결혼을 했고 이 지경까지 왔다. 그리고 각기 배가 다른 여인의 아이 둘, 내가 낳은 아이 둘을 키우고 있다. 그리고 교도소를 들락거리는 첫째 아들의 딸, 그러니까 손녀도 키우고 있다.

이쯤 되면, 이건 뭐 고민이고 뭐고 할 것도 없다. 당장 뒤도 돌아보지 않고 관계를 끊어야 맞다. 그리고 지금까지 살아온 것도 놀랍다. 그러나 책에는 이렇게 적혀있다.

* * *

스물하나에 처음 만난 남편과 살을 섞고 이듬해 살림을 합친 뒤에야 나는 내가 남편의 세 번째 아내라는 사실을 알았다. 세 번째 여자가 아니라 세 번째 아내. 싫으나 좋으나 나는 이미 두 아이의 어미 노릇을 하게끔 정해져 있었다. 그 결합이 어떤 결합이었던가. 절연을 들먹일 정도로 완강했던 친정의 반대를 무릅썼지 않았던가. 거기서 돌아선다면 너무 빠른 파국이었다. 자존심이 상했다. 아니, 내 분별력이 그릇되었음을 인정하기가 더 끔찍했다. 누구나 자신의 분별력을 오인할 때 가장 어리석은 선택을 하는 것처럼 나도 최악의 선택을 했다. 나는 일주일을 고민하고 나서 그 밥상을 받겠다고 선언했다. 남편의 후안무치를 타도하기보다 내 분별력을 지지하고자 오기를 부렸다.

매몰원가의 함정에 빠지지 마라

+

과거에 지불하고 다시는 되찾을 수 없게 된 비용을 '매몰원가(sunk cost)'라고 한다. 쉽게 말하면 포기하기엔 아까운 나의 비용과 노력들 때문에 사람들은 언제나 비합리적인 판단과 결정을 하고 있다. 정신만 똑바로 차리면 쉽게 포기하고 새로운 무언가를 위해 노력할 수도 있을 것 같은데 그게 참 어렵다. 왜냐하면 우리는 다른 사람들의 '눈'을, 그들이 하는 나에 대한 '평판'을 몹시 의식하고 두려워하기 때문이다.

1) 이미 많은 비용과 노력을 들였다.

2) 체면 문제도 있다.

3) 더구나 한 번 시작했으면 끝을 봐야 하는데 그것도 못했다.

4) 또 앞으로 어떻게 바뀔지 모른다. 다시 좋아질 지도 모르잖아?

5) 무엇보다 이런 게 소문이라도 나면 사람들이 뭐라고 하겠어?

이런 생각에 빠져들게 되면 그 누구도 헤어나오지 못하게 된다. 그리고는 나중에 두고두고 후회할 결정을 내린다.

'그래, 일단 끝까지 가보자.'

어릴 적 자주 들었던 말 중에 '쓸 데 없는 짓 하지 마라'가 있다. 그 말인즉 '뭔가를 시작했으면 다른 데 한눈 팔지 말고 어떤 결과를 얻을 때까지 끝까지 매진하라'는 뜻 아니겠는가? 그런데 이런 좋은 뜻을 제대로 활용하지 못하고 우리는 엉뚱한 데에 접목시켜서 그야말로 엉뚱한 선택과 행동을 하고 있지는 않은지 자문해 볼 필요가 있다.

특히나 나이가 들면 들수록 '쓸 데 없는 짓 하지 말아라'는 뇌에 더더욱 선명하게 박혀 좀처럼 헤어나올 수 없다고 하니 더 조심해야 한다. 나이가 들면 현명해지고 이해의 폭이 넓어질 줄 알았는데 사실은 정반대인 것 같다. 더 시야가 좁아지고, 나의 주장만 옳은 것 같고, 듣고 싶은 것, 보고 싶은 것만 보게 된다. 그래서 누가 봐도 비합리적·비객관적인데 나 혼자만 객관적이고 합리적인 것으로 믿고 산다.

페이스북이나 인스타그램처럼 SNS에 죽자고 매달리는 우리의 모습을 보라. 타인의 시선을 너무나 심각하게 의식하는 대한민국의 거의 모든 사람들에게는 이 말처럼 잘 먹히는 말도 없을 것 같다.

"지금까지 해 온 게 얼만데, 아깝지도 않아요? 그리고 여기서 끝내면 남들이 뭐라고 하겠어요?"

10
선택의 범위를
줄여라

#결정장애 #양자택일 #프레임 #선택

일본의 경제학자 시오자와 요시노리의 실험 내용이다. 비슷비슷한 특징과 장단점을 가지고 있는 상품이 10개가 있을 때 슈퍼컴퓨터가 하나의 상품을 선택하는 시간을 재봤더니 0.001초가 걸렸다. 과연 슈퍼컴퓨터답다. 상품을 30가지로 늘렸더니 17.9분이 걸렸다. 그리고 다시 40가지로 늘렸더니 12.7일이 걸렸고, 마지막으로 상품을 50가지로 늘렸더니 선택하는 시간은 35.7년으로 계산되었다.

그렇다면 사람은 어떨까? 2가지 중 하나를 선택할 때는 그렇게 많은 시간이 걸리지 않을 것이다. 하지만 3가지, 4가지가 되고 선택할 수 있는 가짓수가 많아질수록 컴퓨터 못지않은 시간이 필요할 수 있다. 여러 가지 조건 중에서 딱 하나만 보고 단순하게 결정하겠다고 마음을 굳게 먹어도 선택의 가짓수가 많아지면 결정의 순간은 점점 더 멀어져만 간다.

그럼 바꿔서 생각해 보면 인간의 빠른 선택을 유도하기 위해서는 선택 옵션이 적으면 적을수록 좋다. 그런데 하나는 곤란하다. 또 다른 무언가가 있을 것이라는 의심이 먼저 들기 때문이다. 그렇다면 사람이 가장 빠른 시간 내에 결정할 수 있는 가장 이상적인 선택 옵션의 수는? 바로 2가지를 제시하고 그 중 하나를 선택하게 하는 것이다.

최수영의 소설《하여가》에서도 선택의 상황이 벌어진다.

* * *

곽 병장과 나(김준만 일병)는 군대식으로 말하자면 아버지와 아들 군번이고 사회식으로 말하면 멘토와 멘티 사이다. 어느 날 나는 신병 유준만의 하극상 사건을 목격한다. 나는 누구에게 말도 못하고 끙끙대다가 또 다시 못 볼 광경을 보고 만다. 유준만 신병이 드디어 곽 병장에게까지 하극상을 벌이고 있는 것이었다. 눈이 뒤집힌 나는 곽 병장과 함께 격투 끝에 유준만을 제압하는 데는 성공했지만, 이상하게 신병이 숨을 쉬지 않는다. 마지막 몸싸움 때 이마로 신병의 이마를 들이받은 것이 결정타가 된 듯하다.

어느 순간 상체를 일으켜 보니 놈이 까닥도 안 하고 쓰러져 있었다. 그의 얼굴은 피투성이가 된 채였다. 미치겠다. 점점 더 왜 이러냐.

"쟤 깨났었냐… 안 죽은 거지?"

나는 잠자코 고개만 끄덕였다. 곽이 제 담배를 꺼내어 내게 권했다. 라이터까지 켜주고는 저는 빼물지도 않고 도로 담뱃갑을 넣었다.

"나 간다. 넌 어떡할래?"(같이 갈 거야, 아니면 안 갈 거야 하나를 선택해)

나는 주저앉은 채 장초를 짓이겼다.

"개새끼야 그럼, 지금 이 마당에 나 혼자 어쩌란 거냐."

"어쭈구리! 쫄다구 주제 이게 완전…."

"아, 까, 까!"

그리고선 곽 병장은 나에게 피 묻은 군복을 벗고 새 군복으로 갈아 입으라고 권한다.

듣고 보니 그랬다. 피 묻는 군복을 입고 나갈 수는 없지. 내가 물었다.

"안 나가면 안 되나?"(다른 방법을 찾아보자)

"난 그래… 넌 너 알아서 해."(같이 갈 거야, 말 거야 네가 결정해)

자식, 단호하고 찼다. 나는 옷을 갈아입었다. …… 그는 산 밑 어둠 속으로 달리기 시작했다. 담 위에서 나는 잠시 나도 모르게 하늘을 올려다 봤다. 인생이 꼬여도 이렇게 꼬이냐. …… 이래저래 일단은, 뛰고 보는 수밖에!

군생활을 하지 않은 사람이라도 곽 병장과 주인공이 무작정 탈영을 하는 건 최악의 선택이란 걸 금방 알 수 있다. 곽 병장은 그렇다 쳐도 최소한 주인공은 이 상황에서 다르게 행동했어야 하는데 그만 곽 병장과 똑같은 선택을 하고 만다. 결정적인 그 한마디 "난 간다. 넌 어떡할래?" 때문이다. 이런 말을 들으면 갈 것인가 말 것인가 두 가지에만 매몰되어 다른 건 생각하기 어렵다. 더구나 이런 긴박한 상황에서는 더더욱 그렇다.

좀처럼 벗어나기 힘든 양자택일의 프레임frame

✚

히틀러의 대중연설이 당시 독일 국민들에게 먹혔던 여러 이유 중에서 가장 많이 공감을 받는 부분이 두 가지가 있는데, 그 중 하나는 같은 문장을 계속 반복하는 것이다. '나는 한 놈만 계속 패'라는 유명한 영화대사도 있듯이 하나의 문장이나 낱말을 계속해서 반복하면 저절로 듣는 사람의 뇌에 입력된다. 그리고 또 하나 히틀러의 연설이 대중에게 잘 통할 수밖에 없었던 기가 막힌 방법 중 하나가 바로 '양자택일' 방법이다.[*14]

"독일을 공산당이 지배하는 것이 좋은가?" vs. "노동당이 지배하는 것이 좋은가?"

"전쟁인가?" vs. "평화인가?"

"유대인에게 지배 당하겠는가?" vs. "모두 몰살하겠는가?"

거의 대부분의 연설을 이런 식으로 했다고 한다. 이런 식의 양자택일형 질문이 예상치 못한 상황에서 들어오면 설마 예상했다 할지라도, 그 외의 다른 선택이 있음에도 불구하고 대부분 2가지 중에서 한 가지를 대답할 확률이 상당히 높다. 1992년 젊은 대통령 후보 빌 클린턴이 반복한 구호도 역시 양자택일이었다.

"Change or more of the same!"(변화하거나 계속 이대로 머물거나)

'프레임효과'란 대화의 프레임이 달라짐에 따라 판단이나 선택이 크게 바뀌는 것을 말한다. 곧 질문의 프레임이 바뀌면 대답도 바뀐다. 그리고 의사결정도 바뀐다. 만약 TV홈쇼핑 여행방송에서 쇼호스트가 이런 말을 한다면 바로 어떤 생각이 들까?

"지금은 살까 말까를 생각하는 시간이 아니에요. 지금부터는요. 무이자 할부가 유리할까 일시불이 유리할까를 생각하셔야 합니다. 어차피 우리에 겐 반드시 필요한 상품이잖아요."

'산다'와 '사지 않는다'의 문제가 아니라 내가 유도하는 쪽으로 아예 프레임을 바꾼 상태에서 양자택일을 권유했더니 그 효과는 상상 이상이었 다. 내가 제시하는 프레임에 따라 상대는 사고의 틀을 맞추게 된다. 결정장 애가 없는 사람이라 할지라도 옵션이 많은 상황에서의 결정은 항상 고통 이 따른다. 그래서 양자택일의 방법으로 범위를 좁히면 상대의 부담은 훨 씬 줄어든다. 여기서 한 발 더, 프레임까지 조정할 수 있다면 최상의 효과 를 볼 수 있다. 누구든 제시 받은 프레임에서 벗어나 생각하기 힘들기 때문 이다.

11
분노 표현은
약일까? 독일까?

#분노 #불쾌감 #표현 #이득

기업에서 구직자를 대상으로 하는 면접기법 중 '압박면접'이라는 것이 있다. 한 번 겪어본 사람이라면 두 번 다시 생각하고 싶지 않을 정도로 혼이 쏙 빠지는 경험을 하는 악명 높은 면접기법이다. 이 압박면접의 원래 의도는 일부러 구직자에게 연속된 질문이나 의도된 스트레스 등으로 압박한 후 그런 극한 상황에서 응시자의 임기응변과 자제력·순발력·상황대처능력 등을 테스트하는 면접이다.[15] 그래서 겉으로 드러나는 스펙보다는 면접자의 인품이나 사회생활 적응도 등을 알아보는 면접이다.

그런데 이런 긍정적인 의도와는 달리 조롱이나 성적 비하 등의 내용이 담긴 질문을 통해 응시자의 충성도나 순응도를 테스트하는 것으로 일부 성격이 변질되기도 한다. 이를테면 여성 구직자라면 당황할 수밖에 없는 식의 질문이다.

"아주 중요한 거래처와 미팅을 하는 자리입니다. 이 미팅은 회사의 존망이 걸린 아주 중요한 자리이고 우리는 반드시 이 거래를 성사시켜야 합니다. 그런데 상대방 키맨이 당신에게 불필요한 신체 접촉을 하고 있습니다. 이런 상황에서 당신은 어떻게 하겠습니까?"

이런 회사는 존재해서도 안 되고 당연히 이런 면접을 하기 전에 망해야 상식이겠지만, 만약 진짜로 이런 질문을 받게 된다면 어떻게 답을 해야 할지 난감해 진다. 머릿속이 하얘지고 입이 바짝 타들어 간다. 모른 척 할 수도 없고 그렇다고 아주 중요한 미팅인데 박차고 나와서 산통을 깰 수도 없다. 더구나 반드시 붙어야 하는 면접이 아닌가.

마침 조남주의 소설 《82년생 김지영》에서 아주 비슷한 상황이 나온다.

* * *

서울에 있는 대학의 인문학부 졸업반인 김지영. 그녀는 취직을 위해 여기저기 입사원서를 낸다. 그런데 어느 정도 규모가 있는 43개 회사에 분야를 가리지 않고 원서를 냈지만 단 한 곳도 서류전형을 통과하지 못한다. 낙심한 김지영은 이후에는 조금 규모가 작아도 내실 있고 꾸준하다 싶은 회사 18곳에 원서를 넣었지만 역시 모두 서류전형에서 떨어진다. 그렇게 절망스런 시간을 보내다가 실수로 회사 이름을 안 바꾸고 자기소개서를 보냈는데, 처음으로 서류전형에 합격한다. 그야말로 합격이 간절해지는 상황이다.

이윽고 면접 날. 3명씩 들어가는 면접 자리, 세 명 모두 또래의 여성들이다. 학창시절에 대해, 눈에 띄는 경력에 대해, 회사에 대해, 그리고 업계 전망

등에 대한 무난한 질문에 대해 잘 넘어가고 있다고 스스로 안도하고 있던 김지영은 한 이사의 돌발질문을 받는다.

"여러분이 거래처 미팅을 나갔단 말입니다. 그런데 거래처 상사가 자꾸 좀, 그런, 신체 접촉을 하는 겁니다. 괜히 어깨도 주물주물하고, 허벅지도 슬쩍슬쩍 만지고, 엉? 그런 거? 알죠? 그럼 어떻게 하실 겁니까? 김지영 씨부터."

김지영 씨는 바보 같이 당황하는 모습을 보여도 안 될 것 같고, 너무 정색하는 것도 좋은 점수를 받지 못할 것 같아 그 중간 정도로 답했다.

"화장실에 다녀오거나 자료를 가지고 오면서 자연스럽게 자리를 피하겠습니다."

두 번째 면접자는 명백한 성희롱이며 그 자리에서 주의를 주고, 그래도 고쳐지지 않는다면 법적 조치를 취하겠다고 강한 어조로 대답했다. 질문했던 이사가 눈썹을 한 번 올렸다 내리고는 파일에 뭔가 적었는데 괜히 김지영 씨가 움찔했다. 그리고 가장 오래 모범 답안을 고민했을 마지막 면접자가 대답했다.

"제 옷차림이나 태도에 문제는 없었는지 돌아보고, 상사분의 적절치 못한 행동을 유발한 부분이 있다면 고치겠습니다."

두 번째 면접자가 하!하고 어처구니없다는 듯 큰 소리로 한숨을 쉬었다. 이렇게까지 해야 하나 김지영 씨도 씁쓸했는데, 한편으로는 저런 대답이 높은 점수를 받을 것 같다는 생각이 들면서 조금 후회했고, 그런 자신이 한심했다.

여기까지 읽고서 나도 '하~ 설마 이런 식의 면접이 있을까?' 하며 분노의 탄식이 나왔다. 그런데 어찌 됐든 읽는 나도 사람인지라 세 명 중 누가 과연 합격했는지 궁금했다. 결론은 세 명 모두 탈락. 다른 이의 합격 여부를 알려줄 수 없다는 인사담당자에게 "저, 지금 정말 절박해요"라는 읍소로 알아내긴 했지만 힘이 쭉 빠지기는 마찬가지. 그런 절망의 상황에서 김지영이 한 행동은 …

* * *

"그런 개자식은 손모가지를 부러뜨려 봐야지! 그리고 당신도 문제야! 면접이랍시고 그딴 질문 하는 것도 성희롱이라고! 남자 지원자한테는 이런 질문 안 할 거 아냐?"

혼자 거울을 보며 큰 소리로 하고 싶던 말들을 다 쏟아냈지만 속이 시원해지지 않았다. 자다가도 억울하고 열이 올라서 이불을 몇 번이나 걷어찼다. 그 이후에도 숱하게 면접을 보았고, 종종 외모에 대한 지적이나 옷차림에 대한 저속한 농담을 들었고, 특정 부위를 향한 음흉한 시선, 불필요한 신체 접촉을 겪기도 했다. 취직은 하지 못했다.

무조건 참으면서 방긋방긋 웃는 건 독이다

+

심리학자인 마르완 시나와르와 라리사 티덴스는 '효과적인 분노 표현 연구'를 통해 제목 그대로 상대에게 분노를 표현했을 때 과연 효과적인지를 검증하는 심리 연구를 실시했다. 서로가 양보할 수 없는 상황에서 한 쪽이 노골적으로 분노나 불쾌감을 표현하면 상대방의 심리가 어떻게 변할지에 대한 연구였다. 일단 한 치의 양보도 없는 상황에서 한 쪽이 분노나 불쾌감을 표현할 때 상대방은 본능적으로 분위기를 좋은 방향으로 끌기 위해 살짝 양보를 하거나 아니면 반대로 더 큰 반발심을 유발할 수 있다.

앞서 소개한 소설의 김지영 씨의 상황과도 흡사하다. 김지영 씨가 했던 것처럼 일단 참는 것이 최선일까? 아니면 혼잣말처럼 면접장에서 거부감을 강하게 드러내는 것이 우선일까? 실험의 결과는 놀랍게도 분노나 불쾌감을 드러냈을 때 상대는 양보하는 자세를 취할 확률이 높다는 것이었다. 그리고 그 이후로는 자신이 만만한 상대가 아니라는 것을 아주 효과적으로 보여주는 방법이 될 수 있다.

군이 면접의 자리가 아니더라도 일상생활에서 나에게 부당한 것을 알면서도 이런저런 이유 때문에 꾹 참고 넘어가는 경우가 있다. 그리고는 혼자서 분을 삭이지 못하고 끙끙 앓는다. 마치 82년생 김지영처럼. 정신 건강에도 당연히 좋을 수 없다. 아무리 예절이 중요하다 해도 분명히 잘못됐다 싶으면 잠깐이라도 자신의 솔직한 감정을 보여주는 것이 중요하다.

취업 관련 사이트 〈SeeMore〉에서 소개하는 압박면접의 대응원칙과 전략 중 한 문장을 인용하면 '많은 면접 코치들이 미소를 잃지 말고 밝은 모습을 보여주라고 조언을 하는데, 쓸데없이 계속 웃는 것보다는 인상을 좀 쓰더라도 신중한 모습으로 자신의 답변에 집중하여 차별화된 대답을 하는 것이 더 중요함을 잊어서는 안 됩니다'라고 밝히고 있다.

잊지 마시라. 적절하고 적당한 분노나 불쾌감 표현은 절대 나에게 손해가 되지 않는다.

12
'높은 곳'에서
내려다보려는 본능

#높은곳 #서열 #경쟁 #위로

    지금부터 한 10만 년 전쯤 네안데르탈인이 활동하던 시대로 내가 타임 머신을 타고 갔다고 가정해 보자. 몸을 보호할 만한 어느 정도의 옷이나 무기도 있고 또 어느 정도는 생활할 수 있는 음식도 확보돼 있다. 그렇다면 가장 먼저 해야 할 일은? 일단 마음 놓고 쉴 수 있는 은신처를 확보해야 한다.

    좋은 은신처의 조건이라면 우선 안전해야 한다. 그렇다면 눈에 띄지 않는 곳이어야 하고, 시야가 환하게 확보돼 있으면서 내 등쪽, 그러니까 뒤쪽이 안전한 곳이라면 아주 좋다. 그래야 자연재해나 맹수 또는 침입자의 갑작스런 등장에도 당황하지 않을 수 있다. 여기에 아예 높은 곳에 있어서 외부인의 침입이 어려울 뿐더러 한눈에 밖의 상황을 파악할 수 있는 곳이라면 최상의 은신처라고 할 수 있다. 그런데 나만 이렇게 생각할까? 10만 년 전 네안데르탈인이나 지금의 현대인이나 마찬가지 기준으로 은신처를 정할 수밖에 없다. 그렇지 않으면 생명이 위험하니까. 10만 년 전이 아니라 그 전의 원시인들도 똑같은 기준으로 은신처나 집과 같은 장소를 정했을 것이다. 그런 행동들이 수십 수백만 년 동안 내려오면서 우리의 뇌에 각인돼 있다면? 그렇다.

결론적으로 말하자면 인간은 본능적으로 높은 곳을 좋아한다. 그런 곳에 가면 자신도 모르게 마음이 편안해 지고 기분이 상쾌해 지면서 원기마저 회복되는 듯한 느낌을 받는다.

* * *

신경숙의 소설《어디선가 나를 찾는 전화벨이 울리고》에서는 네 명의 주인공이 끊임없이 걷고 쓰고 읽는 것을 통해서 세상을 바라보고 있다. 특히 '걷기'에서는 높은 곳에 올라가 거대한 서울을 바라보는 장면과 높은 곳을 올려보는 장면이 종종 나온다.

낙산에서 내가 사는 옥탑방을 내려다보고 있을 때였다. 그가 홀로 떨어져 있는 내게 다가왔다. 내 귓가 가까이에서 그가 혼잣말하듯 말했다. "좋아해. 정윤" 그의 갑작스런 고백에 나는 옥탑방을 바라보던 시선을 거둘 수가 없었다. 나도 모르게 불쑥 한마디가 툭 튀어나왔다. "윤미루만큼?" (중략)

해가 지고 있는 중이라 낙수장이 가리키고 있는 낙산에서 보면 서쪽 동네들이 금빛 잔양에 뒤덮여 반짝반짝 빛이 나고 있었다. 그 빛을 받으며 그가 윤미루와 나를 돌아다 보고 있었다. 높은 곳에 올라 해가 지고 있는 이 도시를 내려다보기는 처음이었다. (중략)

보슬비 내리는 일요일에 경복궁까지 걸어갔다 온 이후로 며칠 동안 이 옥탑을 내려가지 않았다. 방안에 있거나 답답하면 옥상으로 나가 도시를 내려다보았다. 무슨 상징처럼 여전히 그 자리에서 빛을 내뿜고 있는 남산타워를 오래 바라보았다.

높은 곳에서 아래를 내려다보다가 갑작스럽게 사랑고백을 할 정도의 감정 변화, 또 어느 한 사람에 대해 미처 느끼지 못했던 감정이 도시를 내려다보는 순간 새롭게 떠오르는 것. 또 며칠 동안 외출을 하지 않던 사람이 기분전환을 위해 가장 먼저 하는 행동이 '도시를 내려다보는 것'. 소설을 통해 알 수 있는 것은 '높은 곳에서 아래를 내려다보는' 행동을 통해 사람들은 분명히 기분전환을 이룰 수 있었고 또 긍정적인 심리 변화를 만들어 냈다는 점이다.

인간은 본능적으로 높은 곳에 있어야 안정을 찾는다

+

언젠가 후배가 SUV를 몰다가 세단으로 바꾼 뒤 불평을 늘어놓는 것을 들은 적이 있다. 훨씬 좋은 차로 바꿨는데 왜 불만이 많을까? 궁금했는데 이유는 단 하나였다. 예전처럼 앞을 시원하게 볼 수 없기 때문이란다.

시야가 확보되지 못한다는 것은 생각보다 훨씬 큰 의미가 있다. 앞서 원시시대 때를 언급했던 것처럼, 인간은 본능적으로 높은 곳에 있어야 마음의 안정을 찾는다. 위에서 아래를 내려다보는 기분을 느끼는 순간 조상들이 느꼈던 것과 똑같은 감정의 상태가 된다. 그리고 더 나아가서 앞의 시야가 확보되어야 앞으로 벌어질 갑작스런 상황에 대비할 수 있는 여유가 생긴다. 앞을 잘 볼 수 있어야 무언가 다가올 때 알 수 있고, 그것을 알 수 있어야 인간의 보호욕구가 충족되기 때문이다.[*16]

이렇게 생존본능이나 보호본능까지도 충족시켜 주는 것이 바로 '높은 곳'의 시선이다. 반대로 생각해 보면 아주 쉽다. 그러고 보니 드라마〈미생〉에서 가장 많이 나왔던 장면이 바로 그렇다. 주요 인물들이 갈등이 생길 때마다 회사 건물 옥상정원에서 한 손엔 커피를 들고 세상을 내려다보면서 스스로를 다독였던 장면, 기억하는가?

우리가 높은 곳을 좋아하는 또 하나의 이유가 있다. 돈이나 자본을 중심으로 하는 현재 대한민국의 '서열 문화' 때문이다. 따지고 보면 서열이 없는 곳은 없다. 직장은 당연하고, 친구들 사이에서도 묘한 순서가 있다. 나의 직업상 내가 갑일 수도 있고, 을이 될 때도 있다. 이게 반복되는 경우도 허다하다. 남들보다 위에 있을 때는 모르지만 조금이라도 서열이 밀렸을 때 느끼는 억울함과 분노는 상상을 초월한다.

이처럼 누구나 서열 경쟁으로 인한 감정노동에 힘들어 한다. 사실 서열 경쟁에서 최종 승자라는 것이 존재할 수 없다. 그렇다면 내가 이런 끝도 없는 갈등 속에서 고통스러워 하는 것보다는 나 스스로를 좋은 곳으로 이끌어 내는 커뮤니케이션을 해야 한다.

단군 이래로 가장 풍요로운 시절이라는 대한민국이 삶의 만족도는 전 세계적으로도 하위권에 머물러 있고, 20대들은 내일이 없는 삶을 살고 있고, 노년층은 빈곤이라는 삶 속에서 신음하고 있는 것의 원인은 잔인한 서열 문화 때문이라고 해도 문제를 제기할 사람은 없어 보인다.

어제의 경쟁을 어렵게 뚫고 왔더니 오늘의 경쟁이 나를 지독하게 괴롭히고 있다. 이걸 어떻게 넘겨야 하나? 생각을 하면 한숨만 나오지만 이미 더 어마어마한 경쟁이 나를 기다리고 있다. 이렇게 살다간 흔적도 없이 타버려서 재만 남을 것 같다. 최소한 나를 위해서, 나를 위로해 줄 하나만큼은 항상 준비해야 한다. 내가 나를 위해 미소를 지으려면….

나이가 많을수록 등산을 좋아한다면 나만의 근거 없는 주장일까? 확실히 나이와 등산과의 상관관계는 있어 보인다. 연세 있는 분들이 등산을 좋아하는 이유가 뭘까? 인생의 절정기가 지난, 그래서 절정기의 서열보다도 한참 내려간 지금의 모습을 위로하기 위한 본능적인 행동이 아닐까? 물리적으로라도 높은 곳에서 아래를 내려다보면서 심리적인 위로를 받으려는 무의식적 행위가 아닐까?

수시로 높은 곳에 올라 세상을 내려다 보라. 그러면 세로토닌은 확실히 증가한다. 그러면서 나부터 위로하라. 이 방법이 최선이나 최고의 방법이어서 소개하는 것이 아니다. 모든 이에게 자동으로 남아 있는 본능을 좋은 방향으로 이끌기 위한 최소한의 방법은 될 수 있기 때문이다.

지금 당장 할 수 있는 최소한의 것부터 실천하자. 나를 위해서!

13
때로는 동성끼리가
더 엄격하다

#구두쇠이론 #내집단_편애 #외집단_편애 #이기심

일반적으로 정치적 성향이나 고향·출신학교·취미 등이 같거나 비슷하면 처음 보는 사람끼리도 금방 친해진다. 본능적으로 사람은 내 편과 반대 편으로 나누려는 이분법적인 성향이 강하기 때문이다. 그래서 나와 신념이나 출신지·취미 등이 같으면 일단은 내 편으로 생각하고 호감을 갖게된다. 이와 반대의 상황이라면 상대의 본질적인 면은 고려하지 않고 일단은 거리를 두거나 반감까지도 갖는다. 모두 다 많은 것을 생각하지 않으려는 본능인 '인지적 구두쇠 이론' 때문이고, 밑도 끝도 없는 '내집단 편애'(in group favoritism)로 이어진다.

사람들은 상대의 모든 것을 파악하고 알아보려는 노력 대신에 단순하게 입력되는 정보를 기준으로 그 사람을 평가하려는 본능이 있다. 그리고 이런 경향은 경험이 많이 쌓인 계층일수록 더 뚜렷하게 나타난다. 그런데 이런 인간의 습성에는 '질투' 때문에 내집단 편애와 반대로 행동하는 현상도 쉽게 볼 수 있다. 그 예가 바로 동성끼리, 같은 처지나 입장에 있는 사람끼리는 상당히 엄격한 기준으로 평가를 하는 심리이다.

* * *

정이현의 소설《달콤한 나의 도시》의 주인공 은수에게는 그녀만을 좋아하는 유준이 있다. 은수는 유준의 마음을 알고는 있지만 그냥 은수에게 유준은 '남사친'일 뿐이다. 그런 은수에게 다른 남자가 생겼다. 평소 농담 반 진담 반으로 '결혼은 구속이다'라는 이유로 독신을 유지했던 은수가 동거를 하고 있다는 사실은 유준에게 어마어마한 충격일 수밖에. 며칠 후 유준은 은수의 회사를 찾아온다.

이 아이를 알아온 지난 십이 년간, 이런 모습을 한 번이라도 본 적이 있었던가. 맹세컨대, 없었다. 며칠 전 재인의 결혼식에조차 스웨터와 면바지 차림으로 등장했던 유준이 아닌가. 아무래도 그의 신상에 상서롭지 않은 사태가 벌어졌음이 분명했다.

"혹시… 자살이라도 하러 가는 거야?"

유준은 매우 담담한 표정으로 고개를 끄덕였다.

"응. 어쩌면."

가슴이 철렁했다.

"야! 안 돼."

"친구. 놀라긴. 32세 무직 남 모 씨가 한강에 뛰어든 이유는, 32세 회사원 오모 씨에게 실연 당했기 때문이다. 이런 뉴스라도 나올까봐 그러냐?"

이 순간, 유준의 농담 속에서, 나에 대한 그의 진짜 속마음이 어떤 빛깔인지 가늠해 보려고 애쓰는 스스로가 가증스럽다. 우리는 회사 근처의 중국집으로 들어갔다. 물만두라도 하나 더 주문해 주려 했지만 유준은 굳이 자장면이면 충분하다고 우겼다.

"태오 씨는 잘 있고?"

"으응."

"너 내가 웬만해선 남 칭찬 안 하는 거 알지? 특히 남자에 대해서는."

"……."

"원래 남자는 남자를 아는 거야. 세상에는 별의 별 놈들이 다 있거든. 그런데 태오 씨는 그만하면 괜찮은 사람 같더라. 결국 네가 알아서 판단할 문제겠지만 객관적으로 봐서 그만하면 우리 오은수 양 맘 편히 먹어도 되겠어."

남자는 남자가, 여자는 여자가 알아본다? 그 감춰진 속마음

+

여기서 주목할 말은 유준이 은수에게 한 마지막 말이다. '남자는 남자를 아는 거야.' 굳이 소설이 아니더라도 너무나 흔하고 쉽게 하는 말이고, 또 대수롭지 않게 들을 수 있는 말이다.

그런데 한 번 생각해 보자. 며느리를 마음에 쏙 들어하는 시어머니는 정말 흔치 않다. 그리고 또 훌륭한 사위를 뒀다고 여기저기 자랑하는 장인 어른의 모습은 정말 귀하다.

남자가 남자를, 여자가 여자를 알아보는 건 나름 일리가 있고 합리적이라고 본다. 하지만 단 하나의 심각한 문제가 있다. 남자는 남자를, 여자는 여자를 너무 지나치고 엄격하게 보기 때문에 웬만해서는 후한 점수를 주지 않는다.

우에키 리에의 《간파하는 힘》[*17]에서는 같은 집단끼리의 '질투'가 사람의 마음에 어떤 영향을 미치는지 재미있는 실험을 소개하고 있다.

다른 사람이 쓴 작문을 읽게 한 후 그 문장에 대해 평가를 하는 실험이다. 평가자는 모두 문과생이다. 작문 내용은 '최근에 이런 일로 감동했다'는 내용으로, 평가자 모두 똑같은 글을 읽는다. 단, 글쓴이의 프로필을 조작해서 평가자의 절반에게는 작성자가 문과생인 것 같다고 얘기하고, 나머지 절반에게는 작성자가 이공계 학생 같다고 말해준다. 그리고 글을 읽은 후의 소감을 얘기하라고 한 결과, 글쓴이가 문과생이라고 들은 그룹(문과생들)은 '재미없다' '특별히 감동적이지 않다'라고 냉정한 평가를 내린 반면, 글쓴이가 이공계 학생이라고 들은 그룹은 '감동했다' '문장력이 있다'라고 호의적으로 평가했다는 것이다. 내집단 편애가 아닌 외집단 편애가 일어난 것이다.

이렇게 본다면 '남의 떡이 커보인다'도 맞는 말이지만 '남이 자식이 더 똑똑해 보인다'도 상당히 설득력이 있다. 이런 외집단 편애 현상은 성별이나 학력에 대해서도 같은 결과를 보였다고 한다. 즉, 같이 골프를 치며 잘 어울리는 경우에도 같은 남자라면 서로 상대의 실력을 얕잡아 볼 수 있다. 또 같은 종교를 가지고 있지만 같은 직종에 있는 사람이라면 상대보다 자신이 더 실력이 있다고 자신하는 경향이 있다.

'외집단 편애' 현상으로 보면 위 소설에서 유준은 태오가 마음에 들 리가 없다. 이것저것 따지기 전에 일단 같은 '남자'니까 좋게 볼 수가 없다. 나의 자존심이 상처를 받지 않으려면 말이다. 하지만 이런 이기심과 질투는 나도 모르게 나를 잠식한다. 나만 그러는 것이 아니니까 안심하고 살아야 할까? 그러니 누구나 나름대로 정확하고 공정하게 사람을 볼 수 있다고 자부하는 건 다소 어리석은 일일 수 있다. 안타깝게도 '외집단 편애'를 정확하게 이해하고 일상에서 냉정하게 구분하면서 판단할 수 있는 능력은 사실 상당히 어려운 수준의 능력이다. 하지만 반드시 머릿속에 삽입해야 할 개념이기도 하다.

흔히 '같은 남자(여자)끼리니까 툭 터놓고 얘기할게' 이런 식의 대화를 할 수 있다. 지금까지 살아오면서 한두 번 이상씩은 했을 법한 대화다. 하지만 이제부터는 항상 조심해야 한다. 인간의 뇌에 깊숙하게 뿌리 박혀 있는 구두쇠 뇌, 이기심, 외집단 편애 등을 고려한다면 될 수 있으면 피해야 할 1순위 말이기도 하기 때문이다.

CHAPTER 3

어떻게 하면 저 사람과 친해질 수 있을까?

01
모르는 사람과
금방 친해지는 비결

#커뮤니케이션 #외모 #옷차림 #팩트

처음 보는 사람과의 대화는 적지 않은 스트레스를 부른다. 언젠가 개그 프로그램에서 이런 난처한 상황을 소재로 삼아 크게 히트한 적이 있다.

'예비 신혼부부와 양가의 아버지가 어느 식당에서 저녁식사를 기다리고 있다. 그러다 갑자기 예비 신랑이 나가고 곧바로 예비 신부도 급한 전화를 받고 밖으로 나간다. 갑작스럽게 둘만 남은 양가의 아버지. '어흠' 하며 헛기침을 연발하는 아버지들. 서로 눈길을 피하며 어쩌다 눈이 마주치면 어색한 표정만 주고받는다. 눈이고 손이고 어디에 둘지 몰라 몸을 이리저리 꼬고 있는데 시계의 초침 소리만 크게 들린다. 여전히 밖으로 나간 양가의 자식들은 돌아올 줄 모른다. 1초가 1년 같은 그 시간⋯.'

이런 상황만 보여주는 데도 관객들은 배를 잡고 웃는다. 누구나 겪었을 상황이고 누구라도 겪지 않기를 바라는 상황이기 때문일 것이다.

이럴 때에는 공통의 관심사를 빨리 찾는 것이 가장 좋은 방법인데, 그것도 쉽지 않다. 사전에 조사를 했을 리도 없고 뜬금없이 "취미는 뭐죠?"라고 묻기도 난처하다. 묻는다 하더라도 내가 전혀 관심이 없는 취미가 나오면 대화는 더 미궁으로 빠진다. 이러지도 저러지도 못하는 상황, 이런 미궁에서 빠져 나와 환하게 빛을 만들어 내는 커뮤니케이션 방법을 편혜영의 소설 《선의 법칙》에서 간접적으로 알려주고 있다.

* * *

소설의 주인공 중 한 명인 윤세오는 미연이랑 중학교 때부터 단짝이다. 윤세오는 미연이를 친한 친구 이상으로 의지한다. 미연이도 처음에는 그게 좋았지만 새로운 남자친구 '부이'를 만나면서 자연스럽게 윤세오와 멀어진다. 윤세오는 질투와 고립감으로 쩔쩔매다가 미연의 새 남자 친구 부이에게 접근한다. 윤세오가 부이와 친해지면 미연과 부이가 멀어지게 될 것이고, 그럼 미연이 다시 본인에게 올 것이라는 욕심 때문에 부이를 싫어하면서도 부이의 관심을 끌어야 한다. 그래야 미연이가 온다고 믿었기 때문이다. 그러나 부이는 윤세오의 존재를 알고 있지만 미연의 친구라는 것 외에는 관심조차 없다. 그렇기 때문에 더더욱 윤세오는 부이의 환심을 사야만 한다. 한 동네에 사는 그들 셋. 언제나 부이와 미연 사이를 비집고 들어갈 기회만 노리고 있던 윤세오에게 우연치 않게 기회가 왔다. 부이와 버스에서 마주치게 된 것이다.

부이에게 어딜 다녀오느냐고 물었다.

"교회"

부이가 짧게 대답하고는 창 쪽으로 시선을 돌렸다. 윤세오는 부이가 진지하고 심각한 면모를 가장하고 있다고 생각했다. 하지만 부이는 그저 할 말이 없었을 뿐이다.

"티셔츠 예쁘다. 잘 어울려."

"그래?"

뭔가 내키지 않는 듯한 대답이었다. 질문을 더하지 않는 게 좋지 싶었다. 하지만 그게 뭔지 알아내고 싶어졌다.

"어디서 샀어?"

부이 역시 윤세오가 그저 티셔츠에 관심이 있는 게 아님을 알아챈 것 같았다. 어깨를 으쓱하고는 그만이었다.

"이런 프린트 흔치 않거든."

알록달록 커다란 부엉이가 프린트된 티셔츠였다. 얼룩말이나 호랑이였더라도 그렇게 말했을 것이다. 아무 무늬가 없더라도 상관 없었다. 부이는 무슨 생각을 하는지 킥 웃었다.

"왜?"

윤세오가 다정하게 물었다. 따져 묻는 것처럼 보이면 비밀스럽게 굴 테니까.

"미연이랑 너 말이야. 참 비슷하다 싶어서."

대화를 들어보면 부이의 마음 속에 윤세오가 진입에 성공한 것만은 확실한 듯하다. 더구나 윤세오 입장에서 부이는 강력한 사랑의 라이벌이다. 당연히 부이가 좋게 보일 리 없다. 그런데도 사랑을 쟁취하기 위해 자존심을 버리고 부이에게 접근한다. 살을 주고 뼈를 취하는 전략이랄까? 윤세오가 별로 멋져 보이지도 않는 티셔츠에 관심을 보이자 부이가 그 관심을 덥석 문다. 부이는 세오가 기대하지도 않았던 미연이의 얘기를 바로 꺼내고 있다. 윤세오 입장에서는 단순한 관심 표현이었는데 부이는 바로 본론으로 들어갔다. 예상 밖의 소득을 얻은 셈이다.

팩트를 공략하라! 2초면 된다!

+

남자든 여자든 사춘기 소년 소녀들이든 성인이든 이런 식의 관심은 아주 효과적이다. 처음 보는 사람의 외모에 대해 언급하는 것은 상당한 부담이다. 심지어는 큰 결례를 할 수 있어 대화의 소재로는 금물이다. 하지만 그 사람의 패션이나 액세서리에 관심을 갖는 것은 얼마든 환영이다. 상대의 패션, 연출 감각에 관심을 갖는데 기분이 상할 사람이 누가 있을까?

처음 보는 상대와 단둘이 있다면 나도 부담이지만 내 앞에 있는 사람도 부담스럽기는 마찬가지다. 이럴 때 상대가 이 어색한 분위기를 깨도록 기다릴 것이 아니라 내가 먼저 나서서 이 어색함을 자연스럽게 풀어보자. 그러기 위해서는 상대의 얼굴을 볼 것이 아니라 상대를 감싸고 있는 것부터 주목해 보자. 뭐가 됐든 일단 비싸고 좋아 보이는 것이 눈에 들어오면 그걸 화제로 삼으면 된다.

"시계가 아주 멋진데요?"

"어디서 사셨어요?"

"평소에 이런 스타일 좋아하시나 봐요?"

"선물 받으셨다고요? 선물하신 분이 센스가 대단한데요? 또 선물 받으신 건 없으세요? 와, 어떤 분인지 정말 궁금하네요."

이렇게 3단계까지 대화를 하게 되면 상대는 자연스럽게 '아, 이 사람이 나와 뭔가 통하는 게 있구나'를 직감적으로 떠올리게 된다. 그렇다면 그 다음은 쉽게 예측이 가능하다. 처음 보는 상대가 나에게 관심을 보이는데 기분 좋지 않을 사람이 누가 있을까? 위 소설의 부이처럼 '나와 통하는데'를 넘어 '나를 좋아하네? 역시!'까지도 갈 수 있다. 더 좋은 점은 다음에 다시 만난다 할지라도 전혀 부담이 될 리 없다. 그 사람은 본인에게 관심이 많은 사람을 위해서라도 뭔가 남다른 장치(?)를 하고 나올 테고 나 또한 그것을 놓치지 않고 또 관심을 표현해 주면 된다. 두 사람이 마음을 터놓을 수 있는 사이가 되기까지에는 시간이 필요할지 모르겠지만 서로 친해질 수 있는 건 시간 문제다.

예전에는 기자들 사이에서나 사용됐던 말인데 최근에는 일반인들에게도 친숙해진 낱말이 있다. 바로 '팩트'라는 말인데, 상대와의 어색함을 없애고 대화의 물꼬를 트는 방법으로도 '팩트'는 중요한 역할을 한다.[*18] 평소에 과묵하고 낯을 많이 가리는 사람에게도 이런 '팩트'를 기반으로 한 칭찬이나 훈훈한 말 걸기는 아주 효과적으로 성큼 더 가까이 다가갈 수 있게 해 준다.

'당신에게 2주의 여유가 있다면 책을 읽고, 2시간의 여유가 있다면 영화를 보고, 단 2분의 여유밖에 없다면 그림을 보라.'

이 말은 상상력을 키우기 위한 아주 훌륭한 방법 중 하나인데, 상대방의 몸을 2초만 훑어보면 눈에 띄는 무언가가 반드시 보인다. 그 '팩트'를 바탕으로 말을 건네 보라. 그럼 1초도 버티기 힘든 어색한 상황에서 상상하지도 못할 풍성한 대화를 이끌어 낼 수 있고 상상하지 못한 관계와 성과물을 얻어 낼 수 있다.

사람은 참 묘해서 뜻하지 않은 호의를 받으면 본능적으로 그 호의를 더 많이 되갚으려 한다는 것을 잊지 말아야 한다. 그래서 결과적으로 더 많은 것을 얻을 수 있다. 마치《선의 법칙》의 윤세오처럼 말이다.

02
마음을 따뜻하게
해주는 위로법

#고민 #위로 #객관적 #인정

사람마다 다르겠지만 가끔씩 우리는 친구나 동료 혹은 후배들의 인생상
담(?)을 하거나 고민을 들어줄 때가 있다. 그럴 때에는 상대가 힘든 상황을
이겨낼 수 있도록 힘을 실어주고 또 위로를 해야 하는데 어찌할 줄 몰라 당
황스러울 때가 있다.

"그래 힘들겠구나. 어떡하니….."

이 정도가 대부분이다. 물론 이런 대화방식도 나쁘지는 않다. 오히려 좋
은 방법이 될 수도 있다. 왜냐하면 최소한 나는 너의 마음을 이해하고 지금
너만큼 나도 아프다는 것을 상대에게 전달할 수 있기 때문이다. 그런데 대
화 당사자 모두가 원하는 사이다 같은 맛이 없다. 오히려 이런 상황에서 우

리가 가끔 저지르는 아주 위험한 소통방식이 있다.

"너 때에는 다 그래, 나도 그랬어. 괜찮아."

"그런 건 아니지. 일단 네가 잘못한 거야."

"그럴 때는 이렇게 해야 돼."

이런 방식의 '다 알고 있어' 식의 말투나 잘잘못부터 가리려는 말투 또는 결론부터 성급하게 내리려는 말투가 그렇다. 살아온 방식이 다르고 환경이 다르고 가치관이 다른데 본인의 기준으로만 모든 것을 보려 하고, 그 기준대로 상대를 끼워 맞추려는 방법으로는 되려 역효과가 난다.

고민과 갈등 때문에 수렁에서 헤어나오지 못하는 상대를 한 번에 구할 수 있는 방법은 없을까?

* * *

김애란의 소설 《두근두근 내 인생》의 주인공 아름이는 남들보다 빨리 늙는 선천성 조로증 환자다. 16살의 소년이지만 80세의 신체 나이를 가진 아름이는 수시로 병원에 들러 건강상태를 체크한다. 하지만 시간이 갈수록 상황은 더 악화되고 죽음은 더 빠른 속도로 다가오고 있음을 확인할 뿐이다. 그런데 아름이는 자신의 몸이 약해지는 것보다도 더 견디기 힘든 것이 있다. 검사를 위해 병원을 오갈 때마다 느끼는 사람들의 시선이다. 130cm가 되지 않는 자그만 몸에 이미 80대 노인 외모의 아이가 엄마와 손을 잡고 거리를 지나가는 모습이 일반인들에게는 당연히 낯익을 수 없다.

병원 밖으로 나온 뒤, 슬쩍 어머니의 소매를 잡아당겼다.

"엄마."

"응?"

"사람들이 우릴 봐요."

"내가 너무 예쁜가 보지."(중략)

오히려 재촉을 하는 것은 내 쪽이었다. 어머니의 곤란을 조금이나마 덜어드리고 싶어, 걸핏하면 치맛자락을 잡아끌곤 했다. 오늘도 나는 배가 고파 죽을 것 같으니 빨리 좀 가자고 어머니를 채근했다. 하지만 그게 좀 부자연스러웠는지, 어머니는 가던 길을 멈추고 상체를 숙여 내 얼굴을 똑바로 바라봤다.

"아름아."

"네?"

"너 언제부터 아팠지?"

"세 살요···. 엄마가 그렇다고 했잖아요."

"그럼 얼마 동안 아팠던 거지?"

"음, 십사 년이요."

"그래, 십사 년."

"······"

"근데 그동안 썩썩하게 정말 잘 견뎌왔지? 지금도 포기 않고 이렇게 검사 받고 있지? 다른 사람들은 편도선 하나만 부어도 얼마나 지랄발광을 하는데. 매일매일, 십사 년. 우린 대단한 일을 한 거야. 그러니까···"

"네."

어머니가 목소리를 낮추며 부드럽게 말했다.

"천천히 걸어도 돼."

상대가 힘든 상황에 있을 때 뭔가 위로를 해야 하고, 또 다시 일어서기

위한 에너지를 불어 넣어주기 위해서는 무엇보다 힘든 그 상황을 그 사람의 관점에서 객관화하는 것이 우선이고 최선이다.

위로할 때는 객관적으로 말하라

+

차동엽의 《천금말씨》[*19]에는 '저항을 줄이는 4단계 부탁법'을 소개하고 있다. ① 상황 서술 ② 느낌 서술 ③ 바람 서술 ④ 부탁 서술의 방법인데, 가령 어린아이가 문을 세게 닫았다면 그 아이가 다음부터는 문을 조심스럽게 닫게 하기 위한 방법을 알아보자.

"방금 문을 세게 닫았지?"(상황 서술 : 일어난 사태를 정확히 관찰해서 객관적으로 표현)

"엄마가 '꽝' 하는 소리에 너무 놀라서 심장이 떨어지는 줄 알았어."(느낌 서술 : 그 일과 관련해 생겨난 '나의 느낌'을 차분히 말한다)

"엄마는 네가 문을 조금 살살 닫아주면 어떨까 하는 생각이 들었거든."
(바람 서술 : 그 느낌에서 비롯한 나의 어떤 욕구나 바람을 전달)

"그래서 부탁인데, 네가 앞으로 문 닫을 때는 살살 닫아줄 수 있겠니?"(부탁 서술 : "~해줄 수 있겠니?"라고 도움을 청한다)

어떤 아이라도 이 부탁을 거절할 수는 없다. 그런데 놀라운 것은 앞에서 인용한 《두근두근 내 인생》에서 엄마가 아름이의 아픔을 위로하는 과정에서도 이 대화법이 그대로 적용된 것이다.

"너 언제부터 아팠지? 십사 년…. 그런데도 우린 포기하지 않고 검사를

받고 있지?"(상황 서술)

"매일매일 우린 대단한 일을 한 거야."(느낌 서술)

"그러니까… 천천히 걸어도 돼."(바람 + 부탁 서술)

나와 친한 누군가가 외로워 하거나 이런저런 이유로 정신적으로 힘들어 하고 있다. 그가 나에게 힘들다고 할 때 그가 진정으로 원하는 것은 명쾌한 해답이 아니다. 오히려 나의 인정을 바라는 것일 뿐이다.

'나는 원래 이렇게 약한 사람이 아닌데, 네가 나는 그런 사람이 아니라고 빨리 인정을 해줘.'

이런 메시지를 확인하고 싶은 거다. 아름이도 분명히 엄마에게 '나는 당당하고 싶어요. 엄마가 인정해 주세요'를 마음 속으로 외쳤을 것이다. 그런 아름이의 욕망을 엄마는 정확하게 알고 해결해 주었다.

나의 후배, 동료 혹은 가족이 나에게 정신적 고통을 호소한다. 이럴 때 내가 해줄 수 있는 최고의 방법은 그를 중심으로 상황을 객관화해서 정리해 주면 된다. 그리고 여기까지 온 것은 '순전히 네가 만든 결과이고, 네가 있기 때문에 여기까지 잘 온 것이다'라고 얘기해 주면 된다. 그러면 그 사람은 답을 찾고, 스스로 만든 문제에서 해방될 수 있다. 그리고 나에게 늘 감사하게 된다.

03
'좋아요'가 쏟아지는
커뮤니케이션

#관심병 #인정욕구 #좋아요 #질문

현재 대한민국에서 중2병보다 더 심각한 질병은? 바로 관심병이다. 혹시 아침에 눈을 뜨자마자 바로 스마트폰을 열어 SNS에 올려놓은 글이나 사진에 얼마나 많은 '댓글'과 '좋아요'를 받았는지 확인하지는 않는가? 또는 시간에 관계없이 습관적으로 SNS를 보지는 않는가?

누구나 타인에게 관심을 받는 것을 좋아하지만 이것이 지나치면 병이라고 불릴 정도로 심각하다. 그래서 인터넷에서 오로지 관심 때문에 극단적인 일까지 아무렇지 않게 저지르는 '뮌하우젠증후군'까지 생길 정도다. 그런데 더 심각한 문제는 '관심병'의 문제가 타인에게만 해당되고 나는 예외라고 착각하는 경우이다.(뮌하우젠증후군은 실제로는 앓고 있는 병이 없는 데도 아

프다고 거짓말을 일삼거나 자해를 하여 타인의 관심을 끌려는 정신질환을 말한다(위키백과))

우리들은 누구나 타인에게 인정받고 싶은 욕구가 강하다. 원래부터 체면을 중시하는 우리 정서 탓에 우리는 남의 시선을 지나치게 의식하고 남에게 좋은 평가를 받아야 한다는 강박이 심한 편이다. 여기에 페이스북이니 카카오스토리니 인스타그램 등의 SNS가 우리 손안에 펼쳐지면서 관심을 받고 싶은 욕망은 더욱 증폭됐다고 볼 수 있다.

바쁘고 고독한 현대인들이 일상에서 충족하지 못한 인정 욕구를 다른 곳에서 과시욕으로 표현하고 있다는 분석도 있다. 성격이 내성적인 사람일수록 이런 욕구는 더욱 강하다는 의견도 있다. 그런데 이 과시욕마저도 충족이 안 된다면 내 글과 사진에 엄청난 '좋아요'와 '댓글'이 달려 있다 한들 거기에 만족할 수 있을까? 더 많은 인정을 받기 위해 더 많은 사연을 올리고 확인하고 뿌듯해 하고 서운해 하고 불안해 하면서 또 다른 무언가를 올린다. 그리고 또 아침에 눈 뜨자마자, 시간이 날 때마다 확인하고 또 확인한다. 오죽하면 이런 욕망이 너무 심하다 보니 '남의 시선에 신경 쓰지 말아라. 남들이 당신을 미워하거나 무관심한 것에 마음을 두지 말고 너 자신의 행복을 찾아라'고 한 100년 전 심리학자의 글이 베스트셀러가 됐을까! 끝도 없는 욕망 충족에 좌절을 느끼거나 좌절 중에 있거나 인정 결핍에 항상 고통스러워 하는 우리 스스로가 만들어 낸 결과이다.

여기서 '관심병'의 원인과 극복방안을 얘기하고자 하는 것이 아니다. 다만 우리 모두가 강하든 약하든 가지고 있는 이 현상을 한 번쯤은 거꾸로 생각해 보자는 얘기다.

이석원의 소설《실내인간》에는 누군가가 어떤 사람에 대해 호감을 표현하는 쉬운 방법을 가볍고 명쾌하게 표현하고 있다.

* * *

만나는 횟수가 잦아질수록 나는 그에게 점점 더 많은 질문을 던지기 시작했다. 나는 누가 좋아지면 그 사람에게 질문을 하는 버릇이 있기 때문이었다.

누가 좋아지면 질문을 하는 버릇은 특정한 사람만의 것이 아니다. 누구나 다 그렇다. 질문을 한다는 것은 관심의 또 다른 표현이고 '당신에게 관심이 많아요'라는 마음의 가장 솔직한 방법이다. 관심이 없는데 궁금한 것이 생길 리도 없다. 반대로 내가 무엇이든 질문을 했을 때 상대가 반응을 하면 상대 역시 나에게 관심 이상의 무언가를 표현한 것이 된다.《실내인간》에서는 질문을 통해 두 사람과의 거리가 얼마나 가까워지는지 보여주는 또 하나의 재미있는 내용이 나온다.

* * *

"뭐 좀 물어봐도 돼요?"

"그럼요."

"서른이 되면 여자들은 보통 어때요?"

뜬금없는 질문이었지만 소영은 왜 그런 걸 묻냐고 하지 않았다. 자신에 관한 질문이 아니란 것도 알았다. 그날, 나는 소영에게 점점 더 많은 질문을 했고 그녀는 자신의 이야기도 많이 들려줬다.

질문과 대답이 계속 이어지다 보니 소영은 본인과 관련 없는 질문에도 자연스럽게 대답을 해준다. 심지어 왜 묻냐고 하지도 않는다. 그러면서 결정적으로 내가 원하든 원하지 않았든 소영 스스로 본인의 이야기를 하기 시작한다.

상대에게 인정 받는 가장 빠른 방법은 '질문'이다

+

TV홈쇼핑을 유심히 보면 노련한 쇼호스트는 시청자의 눈과 귀를 잡는 방법을 잘 알고 이를 십분 발휘하는 장면을 볼 수 있다. 누구든 질문을 하면 본능적으로 대답을 찾고, 나름의 대답을 하면 그 다음의 대화에도 집중한다. 그래서 쇼호스트는 TV를 보고 있는 불특정다수의 시청자에게 의도적으로 질문을 한다.

"어제가 경칩이었습니다. 개구리가 겨울잠을 깨고 세상에 나오는 날이잖아요. '내 자산관리도 겨울잠을 깨고 화창한 봄이 왔으면 좋겠다' 이런 생각 늘 하시죠? 그래서 준비했어요. 겨울잠 같은 내 재테크, 오늘 깨워드리겠습니다. 자산관리의 봄이 옵니다."

"금값의 내일은 아무도 모르는데요. 아이러니하게도 금값의 미래는 대부분 똑같이 생각하지 않나요? 오죽하면 금수저라는 말이 나오겠어요? 지금 그 금을 챙길 조건이 좋습니다. 한 번 보세요."

인터넷의 우스갯소리 중 '철벽녀' '철벽남'이란 말이 있다. 열 번을 찍어도 안 넘어 가는 나무인데, 이들에게도 관심보다는 질문으로 시작하면 결과는 달라질 수 있다. 내가 관심을 받고 싶은 사람이 있다면 그 사람에게 무엇이든 사사로운 것이라도 무조건 물어보라. 그럼 상대는 질문을 받았기 때문에 대답을 안 할 수 없다. 상대하기 싫은 사람의 인사를 안 받는 것은 쉬워도 그 사람의 질문에 대답하지 않는 건 거의 불가능하다. 뭐가 됐든 대답해야 한다는 말이다.

결국 질문한다는 것은 누구든 거부하기 어려운 커뮤니케이션 도구일 뿐만 아니라 내가 '당신에게 관심이 많아요'를 표현하는 가장 좋은 도구가 된다. 생각해 보자. 최근 1주일간 나에게 무언가 질문을 한 사람이 몇이나 되고, 또 얼마나 많은 질문을 받았는지? 질문을 받은 횟수가 적으면 적을수록 아마도 스마트폰을 보는 시간은 엄청나게 길었을 것이다.

무엇이든 질문을 하라. 그것이 상대로부터 인정받는 가장 빠른 길이다. 말이 없는 사람은 나름의 카리스마를 풍길 순 있어도 소통과는 거리가 있다. 하지만 말을 아끼는 와중에도 질문을 위주로 하는 대화는 누구에게든 환영을 받는다. 질문을 통해 관심을 확인한 상대는 나에 대한 눈빛부터 달라진다. 굳이 부지런히 SNS에 사진과 글을 통해 '댓글'과 '좋아요'를 기다리지 말자. 또 질문을 하라고 해서 "요즘 어때?" "요즘 뭐 재미있는 일 없어?" 같은 막연하고 맥 빠지는 질문도 금물이다.

말과 SNS를 아끼고 주위 사람들을 조금만 관찰하자. 그럼 상대가 반색할 만한 질문거리는 차고 넘친다.

04
손으로
통하라

#악수 #손_제2의_뇌 #친근 #터치

정치인이나 국회의원들이 사람을 만날 때 가장 많이 하는 것이 '악수'라고 한다. 처음 보든, 친하든 그렇지 않든 일단 악수부터 한다. 그것도 의례적으로 하는 악수가 아니라 꽉 잡는 악수다. 정치인과 처음 악수를 하는 사람이라면 충분히 두고두고 기억할 만큼 인상적으로 한다.

김정운 박사가 어느 정당 워크숍에서 강의를 했는데, 강의를 마치자 청중들 모두가 뜨거운 박수로 강의의 마지막을 장식해 주었다고 한다. 그런데 한 현역 국회의원이 성큼성큼 다가와 고맙다며 악수를 청해 당연히 손을 내밀어 악수를 하는데, 손을 잡자마자 두 손으로 김정운 박사의 손을 꽉 잡고서 엘리베이터까지 '멋진 강의 고맙다'는 말과 함께 그 잡은 손을 놓지 않고 있더란다. 예상치 않았던 환대를 받은 김정운 박사는 그 후의 일을 이렇게 표현했다.

"그 국회의원이 누군지는 잘 모르지만 내 손을 꽉 잡고 그렇게 오래 있는 걸로 봐서는 상당히 (정치인 생활을)오래 해먹을 사람으로 생각했다."

조정래의 소설《풀꽃도 꽃이다》에서는 설득 혹은 소통을 해야 하는 상황에서 손이 어떤 역할을 하는지 아주 '살짝'이지만 명쾌하게 보여주고 있다. 책 내용이 사교육과 입시전쟁 속에서 고통 받는 학생들에 대한 이야기인 만큼 학생과 학부모, 선생 간의 갈등상황이 자주 반복되고, 그 갈등을 해소해 나가는 노력들이 자주 나온다.

* * *

"첨 뵙겠습니다."

강교민이 아이 아빠에게 악수를 청했고 …… 그는 이 말을 해나가는 동안 줄곧 애 아빠의 손을 잡고 있었고, 눈길은 애 아빠의 눈으로 쏟아져 들어가고 있었다.

"저거야, 바로 저거야. 나는 악수도 못했고, 눈으로 저렇게 제압하지도 못했잖아. 역시 오빠는 관록이 대단해."(중략)

담임 강교민 선생님의 말씀이었다. 자신의 이름을 성 빼고 '동기야'로 그렇게 다정하게 불러준 것은 담임선생님뿐이었다. 그 따스함이 기억 저편에 아련하게 남아 있는 엄마의 품 같은 느낌이었다. 그리고 선생님은 '알지?' 하며 자신의 손을 잡았고, '믿지?' 하며 이마를 맞대 사랑의 박치기를 해주셨던 것이다. 그렇게 해준 것도 선생님 한 분, 이 세상에서 선생님 오직 한 분이었다. 그 생각만 하면 언제나 그때처럼 가슴으로 뜨거운 눈물이 흘러내리고는 했다.

악수만 잘해도 첫인상이 바뀐다

+

손은 제2의 뇌라고 한다. 인간이 태어나서 14개월이 되면 손가락으로 무언가를 가리키면서 언어 습득을 시작한다(놀랍게도 침팬지는 이런 능력이 없다고 한다).[20] 그리고 뭔가 만지고 찌르고 꼬집고 섞고 뒤집고 하는 손의 자극을 통해 뇌의 지식능력도 같이 발달한다. 사람들이 때와 장소를 가리지 않고 손가락으로 스마트폰을 만지는 것도 당연하다. 그 손가락의 자극을 통해 뇌도 같이 움직이기 때문이다. 그래서 어린아이들의 두뇌 발달을 위해 몇몇 교육자들이 끊임없이 주장하는 바도 영어·수학의 영재교육이 아니라 젓가락질, 연필 깎기, 바느질, 뜨개질, 과일 깎기, 운동화 끈 매기, 실뜨기 놀이, 종이 접기, 악기 연주, 타이핑, 레고 등을 해야 한다고 주장하고 있다. 다르게 생각하면 사람이 할 일이 없어 심심하다는 의미는 바로 손이 할 일이 없다는 뜻과 동일하다.

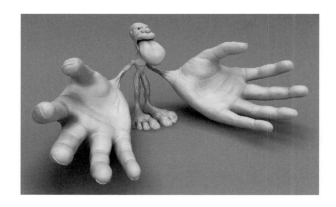

아주 부자연스럽게 생긴 이 그림은 캐나다의 신경외과 의사였던 와일더 펜필드(Wilder Penfield)가 살아있는 사람의 뇌를 연구하여 인간의 대뇌와 신체 각 부위 간의 연관성을 밝힌 지도를 그린 것이다. 각종 포털 사이트에서 '와일더 펜필드 인간의 뇌'라고 검색하면 쉽게 볼 수 있는데, 두뇌에 영향을 많이 주면 줄수록 기관의 크기는 커진다. 몸에 비해 손과 입·눈·코·귀가 크고, 그 중에서 손의 크기는 압도적이다. 그만큼 손과 뇌가 어떤 관계인지를 한눈에 알 수 있다. 인간이 진화했다는 의미는 두뇌가 스스로 하는 사고를 통해서라기보다는 손이나 눈·코·입 등 외부 자극을 통해 사고를 하고 판단하고 결정하는 과정에서 진화했다는 의미일 것이다. 그중에서 인간의 진화에 결정적인 역할을 한 것이 바로 손이다. 바로 그 '손'이 인간의 대화에서도 결정적인 역할을 한다.

'손을 잡아주고 머리를 맞대면서 친근함을 표현하고 신뢰감을 나타내는 말을 했더니 언제나 그 생각만 하면 가슴으로 뜨거운 눈물이 흘러내린다.'

이런 표현이 소설에만 있는 것일까? 어느 실험에서 말로만 부탁을 하는 것과 손으로 상대의 팔이나 어깨 등 몸에 자연스러운 터치를 하면서 부탁을 했을 때의 차이는 상당했다고 한다. 당연히 적당한 터치가 동반되었을 때의 성공률이 높았다. 따지고 보면 커뮤니케이션이란 것이 말을 멋지게 해서 잘되는 것도 아니고 말을 못한다고 해서 커뮤니케이션을 못하는 것도 아니다. 웃는 낮에 악수만 부지런히 잘해도 누구에게든 좋은 기억으로 남을 수 있고, 언제나 기분 좋은 사람으로 각인될 수 있다. 두뇌보다 빠른 건 눈·코·입으로 전해지는 감각이고, 그 감각 중에서 가장 빠른 것은 손이기 때문이다. '손'이 사람끼리의 대화에서 가장 결정적인 역할을 한다면 과연 과장일까?

　부연 하나만 더 해보자. 지금보다 더 나은 나의 두뇌를 원한다면, 역시 해답은 손에 있다. 부지런히 적고 메모하고 그리고 수시로 입으로 읽고 눈으로 확인하자. 그러면 나의 두뇌는 내가 원하는 수준보다 더 앞서갈 것이다. '손은 제2의 뇌'라는 것을 잊지 말자. 그래서 웃어도 그렇지만, 부지런히 손을 놀려도 복은 올 수 있다.

05
껌 하나면
설득은 OK!

#공감 #관심 #질문 #확인

대한민국 국민 3명 중 한 명은 아침을 습관처럼 굶고 점심 때 첫 식사를 한다고 한다. 아침식사는 보약이라는 말도 있는데 빈속으로 출근을 하거나 학교에 가니 능률이 오를 수 없다. 그래서 아침에 하는 회의, 특히나 월요일 오전의 회의나 미팅은 평소보다 두 배 이상 힘들다. 오히려 신경만 날카로워져 잘되던 일도 그르치기 쉽다.

한의사 친구의 말을 빌면 아침을 먹어야 비로소 두뇌활동에 필요한 영양분이 공급되어 집중력과 사고력을 뒷받침해 준다고 한다. 밤새 영양분을 다 써버린 뇌에 재빨리 포도당을 보충해 줘야 비로소 시동이 걸린다는 얘기다. 그래서 한의원에 찾아오는 모든 부모들에게 다른 건 다 몰라도 아이를 좋은 대학에 보내려면 무조건 아침부터 먹이라는 얘기를 빼놓지 않는다고 한다.

그리고 식사는 영양 보충 외에도 자연스럽게 뭔가를 씹는 저작운동을 하는데, 이러한 활동은 단지 음식물을 잘게 부수어 소화를 돕는 일만 하는 것이 아니라 우리 몸에 특히 뇌에 영향을 끼친다고 한다. 저작운동에 관여하는 여러 가지 근육이 머리뼈 부분에 연관되어 있고, 음식물을 씹을 때 그러한 근육을 조절하는 뇌의 신경조직을 통해 머리 전체에 자극이 전달된다. 그래서 저작운동을 할 때 뇌에 공급되는 혈류량이 증가되어 뇌 활성화에 도움이 된다는 얘기다.

뇌가 활성화된다는 것은 컨디션에도 많은 영향을 끼친다. 컨디션이 엉망인 상태에서 머리가 팽팽 돌아갈 리가 없다. 두뇌활동이 왕성해 지면 몸 컨디션도 좋아지고, 마인드도 상당히 긍정적인 셋업이 가능하다. 모든 게 선순환이 된다는 얘기다. 그런데 이렇게 뭔가를 먹으면서 기분이 좋아지면 판단력이 흐려져 설득을 당할 수도 있다.

* * *

최민석의 소설 《능력자》의 주인공 남루한은 이름 그대로 남루한 인생을 살고 있는 3류 소설가이다. 하루하루가 힘겨운 그에게 아버지 남강호가 연락을 한다. 자신의 후배 공평수를 함께 만나 할 얘기가 있다고 한다. 복싱 세계 챔피언 출신인 공평수는 우여곡절의 삶을 살다가 매미로부터 초능력을 전수 받았는데, 그 내용을 자서전으로 남기겠다는 정신 나간 계획을 가지고 있다. 그래서 나름 작가인 복싱 선배 남강호의 아들 남루한을 수소문 끝에 만나게 된다.

남루한이 아무리 남루한 인생을 살고 있는 무명작가이긴 하지만 매미로부터 초능력을 전수 받았다는 황당한 인간의 얘기를 쓰는 건 둘째 치더라도, 아예 얘기를 듣는 것도 비웃음을 살 일이다. 그런데 예상 외로 남루한은 그 황당한 매미 얘기를 듣고도. 이미 어딘가 정신이 이상한 사람이라는 것을 감지했음에도 불구하고 어어 하다가 자서전을 쓰게 된다. 너무나 오랜만에 맛본 광어회의 달콤함이 남루한의 이성적인 뇌 활동을 정지시켰기 때문이다.

"니가 좀 이해해라. 많이 맞아서 그렇다." 아버지가 말했다.

어디 아버지 주변에 많이 맞고 지낸 사람이 한두 명이겠는가. 아버지가 때렸을 수도 있고, 아니면 아버지의 세계로 들어오기 위해 무수한 전쟁을 치르느라 많이 맞았을 수도 있고, 아니면 맞다 보니 익숙해져 맞지 않으면 불안해서 자발적으로 맞았을 수도 있다. 어찌 됐든 간에 나는 그저 안면몰수하고, 오늘밤 설사를 할지언정 오랜만에 광어회나 실컷 먹고 집에 갈 작정이었다. 눈앞에는 벌써 잘게 썰린 하얀 무채와 그 옆에 놓인 촉촉한 상추, 그리고 도톰하게 썰어 놓은 반투명한 광어회가 아른거렸다. 침을 꼴딱 삼키며 메추리 알을 세 개째 까먹고 있으니, 종업원이 살아 팔딱거릴 정도로 윤기 반지레한 광어회를 흰 접시에 담아 들고 왔다. (중략)

뜨근하고 달콤한 청주가 목을 타고 내려가니, 뭐 아무래도 좋다는 생각이 들었다. 봄바람 탓이기도 했고, 입안에서 녹는 회 탓이기도 했고, 골목의 하늘을 뒤덮고 있는 벚꽃 탓이기도 했다. 아무튼, 이 모든 게 삼촌이라 불리는 저 정신병자이자 전 세계 챔피언이자 매미 애호가와는, 아무 상관없는 일이다.

급기야 남루한은 삼촌이라는 사람과 왜 광어회에 반주를 하는지 까맣게 잊고 만다. 그리고는 오로지 경쟁적으로 광어를 많이 먹는 것에만 온 신경을 집중하는 순간 돌이키지 못할 실수를 범한다.

"네, 저도 사—삼촌을 은인으로 생각합니다"라고 말하며 광어회 두 점을 젓가락으로 집은 것은, 아까부터 그가 말하는 와중에도 한 젓가락에 광어회를 다섯 점씩 집어 우걱우걱 삼키고 있었기 때문이다.

"그럼, 잘 됐네, 우리 조카는 내가 진심으로 은인을 만났다는 걸 믿는단 말이지?"라며 그는 촉촉한 눈동자를 하고서는 또 광어회 다섯 점을 한 번에 집었다.

"네… 네, 네, 그렇지요."라고 말하자마자, 삼촌이라 불리는 정신병자이자, 전 세계 챔피언이자, 매미 애호가가 건배를 권했고, 나는 그 잔을 받아 쭉 들이켰고, 잔을 내려놓을 즈음에 그가 말했다. 하마터면 잔을 떨어트릴 뻔했다.

"됐다. 그럼 마, 니가 내 자서전 쓰는 기라. 내일부터."

음식을 씹으면 긴장감이 풀려 긍정적이 된다

+

미국에서 한 실험인데, 참가자에게 땅콩을 먹거나 껌을 씹으면서 평론을 읽게 했는데 '암 치료법이 발견되려면 수백 년은 걸린다' '일반인을 대상으로 하는 달 여행은 수개월 이내에 실현된다'는 다소 비상식적인 얘기에 신빙성을 느꼈다고 한다. 반면 아무것도 먹지 않은 상태에서 평론을 읽은 사람은 그런 평론에 대해 강한 의심을 나타냈다고 한다.

결국 사람이 뭔가를 먹으면서 어떤 메시지를 제시 받으면 메시지보다는 음식을 씹으면서 '맛있다'는 감각을 느끼게 되고, 이것이 쾌락 중추를 자극하면서 메시지의 진위 여부와는 상관없이 '즐거운' 상태가 된다는 것이다. 그래서 결국 간단히 설득 당하거나 속기 쉬운 상태가 될 수 있다.[21]

면접이나 인터뷰를 할 때 혹은 어려운 부탁을 할 때에는 상대의 배가 음식으로 차 있을 때 하는 것이 좋다. 아무래도 공복이면 자신도 모르게 신경이 예민해지기 때문에 필요 이상으로 대화가 까다로워질 수 있다. 그리고 그보다 더 확실한 방법은 상대가 무언가를 씹도록 하는 것이다. 일단 입을 움직이면 혀나 목의 감촉에 주의를 기울이면서 머릿속의 긴장감이나 판단력이 억제되는 효과가 있다. 또 일단 입에 무언가가 들어가면 쾌락 중추가 맹렬히 활동하면서 반론이나 거부감이 떠오르지 않고 '그렇겠지 혹은 그런가 보다' 하며 적당히 넘어가기가 쉽다.

반대의 경우라면? 뭐가 됐든 상대가 나에게 무언가 부탁을 할 것이라는 눈치가 보이면 물 외에는 아무것도 입으로 가져와서는 안 된다. 상대에게 설득 당하는 것이 아니라 맛있는 음식에 무너질 수 있기 때문이다.

06
적도 내 편으로 만드는
결정적 한마디

#결정적_한방 #친근한_단어 #친화력 #로볼전략

월세든 전세든 아니면 매매가 되었든 간에 이사할 집을 알아보는 건 상당한 스트레스다. 특히 이사를 할 때마다 뼈저리게 느끼는 한 가지 궁금증이 있다. 실제 집값에 맞춰서 정확하게 가격을 제시하는 곳이 단 한 군데도 없다는 것이다. 어디서나 꼭 실제 시세보다 낮은 금액을 표시하면서 고객을 유인한다. 그런데 이런 방법이 상당히 효과가 있다.

인터넷으로 아파트를 알아보는데 동네도 괜찮고 가격도 좋다. 하지만 반가운 마음에 그 동네에 가서 실제 시세를 알아보면 전혀 딴판인 경우가 허다하다. 그럼 그 단계에서 멈추면 되는데 지금까지 알아본 노력과 이왕 왔으니 한 번 보자고 생각하면 그냥 돌아오기가 애매하다. 그럴 때 마침 공인중개사가 한마디를 던진다.

"고객님께서 보신 집은 그 사이 매매가가 좀 올랐고요. 대신 좋은 가격에 나온 것이 있는데 한 번 보실래요?"

이런 상황에서 "아니요. 괜찮아요"라고 말할 수 있을까? 그동안 들인 시간과 노력이 아깝고 일단 발을 담갔으니 뭐라도 결과는 있어야 한다. 그래서 자신도 모르게 점점 더 적극적으로 집을 알아보게 된다.

나 역시 비슷한 경험을 했기 때문에 이런 속사정을 더 잘 안다. 언젠가 무심코 들어간 모델하우스에 그만 나도 모르게 정신이 홀렸다. 당시 살고 있던 집과는 비교도 할 수 없을 만큼 넉넉한 공간에 산으로 둘러쌓여 맑고 쾌적한 주변환경, 더군다나 교통은 편리하고 차 소리는 거의 들리지 않는 주거공간, 낮에는 따뜻하고 환하게 집을 비쳐주는 햇빛 그리고 모던하고 세련된 모델하우스. 그 감동에 푹 젖은 다음의 나의 행동은? 그냥 자동으로 상담석에 앉아서 가격부터 물어본다.

"이 아파트 얼마에요?"

그 다음 나를 포함한 대부분은 높은 분양가에 좌절한다. 그리고 이어지는 노련한 카운슬러의 한마디!

"일단 오늘은 신청 접수만 하세요. 나중에 추첨이 돼야 계약을 할 수 있어요. 다음주 추첨이니까 오늘은 접수만 하고 추첨 때 꼭 오세요. 집을 살지 말지 고민은 당첨된 후에 하셔도 돼요. 그런데 이 집은 고객님하고 참 잘 어울리네요."

'접수만 하라'는 말과 '잘 어울린다'는 말에 나는 바로 다른 사람으로 돌변한다.

"아, 그래요? 감사합니다. 네. 정말 이런 집에서 살고 싶어요! 뭘 적으면 돼죠?"

* * *

정아은의 소설 《모던 하트》의 미연은 살고 있는 아파트의 층간 소음 때문에 거의 폭발 일보직전이다. 참다 참다 급기야는 바로 윗집의 초인종을 누르고 잔뜩 굳은 얼굴로 항의한다. 그런데 미연을 대하는 윗집 애기 엄마의 대응에 미연은 화를 누그러트릴 수밖에 없었다.

"누구세요?"

"1707호예요." 목소리가 살짝 떨렸다.

"야, 너네 조용히 해봐. 아랫집에서 올라왔잖아. 그러게 엄마가 조용히 하랄 때 조용히 했어야지!"

여자는 내 말을 듣자마자 고개를 돌리고 소리를 질렀다. 그러자 집 안이 순식간에 조용해졌다.

자세히 보니 여자는 임산부였다. 불룩 튀어나온 배를 붙잡고 고개를 한 쪽으로 기울이며 연신 미안하다는 말을 반복하는 여자에게, 더 이상 뭐라고 쏘아붙일 수 없었다.

"그만 갈게요. 앞으로는 좀 조심해 주세요."

"평소에도 우리 애들 너무 뛰죠? 안 그래도 과일이라도 사들고 함 내려갈라 캤는데 먼저 올라오시게 했네요. 죄송해요 언니."

"괜찮아요. 쉬세요. 그만 갈게요."

"그냥 가시게요? 들어와서 차라도 한 잔하고 가세요, 언니. 진작 초대했어야하는 건데."

풋, 나는 웃음을 터뜨리고 말았다. 언니라니. 나를 언제 봤다고 언니란 말인가. 하지만 그런 여자가 얄밉거나 뻔뻔하게 느껴지지는 않았다. 여자에게는 뭐랄까, 상대방을 너그럽게 만드는 친화력 같은 게 있었다.

"지훈아, 나와서 인사 드려, 아랫집 이모야."

여자가 닦달하자 안쪽에 있던 남자애 하나가 나와서 겁먹은 표정으로 나를 올려다보았다. 고불거리는 머리와 커다란 눈망울, 또렷한 입술 선을 가진 아이였다.

"아이가 정말 예쁘네요. 꼭 서양 인형 같아요."

나를 낮추는 친근한 언어로 접근하라

✛

이해를 돕기 위해 전문 대신 대화 부분 위주로 편집한 내용인데, 결국 미연의 마음이 누그러진 결정적인 낱말은 '언니'와 '이모'였다. 윗집 여자는 상대의 마음을 사로잡는 결정적인 방법을 터득한 아주 스마트한 여자이다. 상대가 받아들일 수밖에 없는 낱말들을 구사한다. 처음 보는 사람에게 '언니' '형님' 하기가 어디 쉬운가? 그리고 그 말을 들은 사람이 차마 더 이상 냉정하게 몰아붙일 수 있겠는가? 누군가 나에게 '형'이나 '언니' 하고 다가오는데 냉정하게 쏘아붙이는 사람은 없다. 자연스럽게 친근한 호칭을 통해 상대로부터 무언의 'YES'를 받아냈다. 그 다음부터는 오히려 상대가 더 부드러워지게 된다.

이와 같이 사람들을 쉽게 설득할 수 있는 커뮤니케이션 테크닉을 '로볼 전략'(low-ball tactic)이라고 한다. 일단 상대가 받아들일 수 있을 정도의 수

준을 제시하면 부담이 없는 상대는 스스럼 없이 'YES'를 하고 받아들인다. 그 다음 처음 부탁과 연계해서 다소 부담스러운 부탁을 한다면 상대는 좀처럼 'NO'를 할 수 없다. 한 번 '예'라고 했다가 다시 '아니오'라고 말하기는 쉽지 않다. 일단 올라탄 배에서는 내리기 어렵기 때문이다.

또 앞서 이사할 때의 예처럼 사람들은 거래가 난관에 부딪혔다 할지라도 이미 마음 속에는 새 집에서 행복하게 살고 있는 모습 등 내 집이 된 이후의 삶을 상상하기 시작한다. 그렇다면 그 흥분과 기대를 새로 등장한 난관 때문에 냉정하게 깨트린다는 것은 엄청난 고통이다. 그래서 눈을 딱 감고 강행하는 것이다. 일단 시작한 일이고 여기까지 온 노력도 아깝고, 무엇보다 내 것이 된 다음을 생각하면 붕붕 날아갈 것 같으니까! TV홈쇼핑에서 단골처럼 사용하는 기법이기도 하다. 잔뜩 가슴을 부풀리게 만든 후에 부담스럽지 않는 수준으로 주문을 유도하는 방법 말이다.

"〈그해 겨울은 따뜻했네〉라는 영화가 있었습니다. 올해도 따뜻하긴 하지만 좀 더 남다른 겨울로 만드세요. '그해 겨울 내 모발은 풍성했네' 생각만 해도 신나시죠? 한 번 알아보세요. 상담 예약만 하시면 됩니다."

"원래 발모라는 말은 불과 얼마 전까지만 해도 신계의 영역이었어요. 인간 능력 밖의 이야기였죠. 그런데 이게 인간계로 내려왔습니다. 인간의 의지에 따라 얼마든지 해결이 가능합니다. 궁금하지 않으세요? 머리카락 때문에 힘드셨다면 오늘 사막에서 오아시스를 만나신 겁니다. 알아보시고 확인해 보세요. 그래서 오늘은 상담 예약만 받습니다."

굳이 물건을 사고파는 설득 커뮤니케이션이 아닐지라도 사람과 사람과의 관계에서도 이런 '로볼전략(low-ball tactic)'은 어렵지 않게 구사할 수 있다. 사회생활을 하다 보면 일단 통성명을 하고 난 다음부터 스스럼 없이 '형님' '누님' '언니'를 자유자재로 구사하는 사람을 보게 된다. 그들이 친화력만 있고 자존심은 없는 사람들일까? 아니면 인간관계의 '로볼전략'을 적재적소에 사용할 줄 아는 수준 높은 커뮤니케이터일까? 일단 내가 먼저 이 커뮤니케이션 테크닉을 활용한 다음에 생각해 볼 일이다.

07
'이거 하나로 끝!'이면
설득은 OK!

아리스토텔레스의 '설득의 5단계'를 보면 발제→의문제기→해답→이익→행동의 순서로 되어 있다. 언뜻 보면 좀 어려워 보이는데, 풀어보면 다음과 같다.

1) 듣는 사람의 주의를 끄는 이야기를 제시한다.(발제)

2) 해결이나 답변이 필요한 문제나 의견을 제시한다.(의문제기)

3) 제시한 문제에 대한 해답을 제시하고(해답)

4) 해답에서 얻을 수 있는 이점을 구체적을 제시한다.(이익)

5) 마지막으로 행동으로 옮길 수 있도록 부추긴다.(행동)

이런 설득의 과정을 학교나 직장에서 응용해 써먹으면 좋겠는데 너무 막연하거나 혹은 마땅한 예시를 찾지 못하는 것이 문제다. 그래서 아주 큰 도움이 될만한 해결책을 소개하고자 한다.

다른 나라는 몰라도 최소한 대한민국에서는 아리스토텔레스의 설득 5단계를 지겹도록 확인할 수 있는 곳이 있다. 바로 TV홈쇼핑이다. 상품이 무엇이든 간에 TV홈쇼핑에서 상품을 설명하는 순서를 가만히 보면 아리스토텔레스가 하늘에서 입이 귀에 걸리는 미소를 지을 만큼 정확하게 그의 문법을 충실하게 따르고 있다.

화장품을 예로 들어보자. 인기 드라마가 끝나고 무심코 채널을 돌리고 있는데 TV홈쇼핑에서 화장품 방송을 한다. 상품이 무엇인지는 모르겠지만 쇼호스트의 한마디가 귀에 꽂힌다.

"이거 하나로 끝!"

"이것만 나와 함께한다면 언제나 물광 피부!"

이 부분이 바로 듣는 사람의 주의를 끄는 이야기, 즉 발제이다. 그러면서 바로 쇼호스트는 물광 피부를 방해하는 여러 이유를 댄다. 환절기, 미세먼지, 황사, 자외선 등등 이게 바로 해결이나 답변이 필요한 문제를 제기하는 의문제기다. 그리고 쇼호스트는 각종 피켓 등을 상품과 함께 보여주며 상품의 우수성을 부각한다. 이 부분이 아리스토텔레스가 얘기하는 해답 부분이다. 그리고 이 해답에서 얻을 수 있는 장점을 구체적으로 제시한다. 마지막으로 다시 한 번 강조하면서 "이거 하나로 끝!" "이것만 나와 함께한다면 언제나 물광 피부!" 이것 하나만 있으면 피부에 관련한 것들은 모두 다 해결될 것처럼 이야기한다. 그리고 나서 행동으로 옮길 수 있도록 부추기는 한마디!

"시간이 얼마 남지 않았네요. 자동주문전화를 이용하세요!"

낚시를 잘하려면 일단 고기가 많은 곳으로 가야 하는데 고기가 없다면 고기를 모아야 한다. '설득'도 마찬가지다. 아무리 좋은 설득단계를 가지고 있어도 제일 첫 단계인 주의를 끄는 무언가가 훌륭하지 않으면 사람이 모일 리 없다. 두고두고 머릿속을 맴도는 한마디를 심어줘야 한다. 그렇다면 가장 훌륭한 시선 끌기, 이목을 집중시키는 이야기, 길을 가다가도 뒤를 돌아보게 만드는 그 한마디는 무엇이 있을까? 이것을 찾는 게 가장 중요하다.

* * *

정이현의 소설《달콤한 나의 도시》에서 주인공 은수는 부모와 같이 살다가 직장 문제로 따로 독립해 살고 있다. 직장도 직장이지만 연애나 결혼도 심각하게 생각해야 할 나이여서 이런저런 남자를 만나다가 어느 주말 본가로 가겠다는 부모님과의 약속을 잊고 연애하던 남자와 밤을 보낸다. 전화기는 꺼진 상태. 부모님의 반응은? 충분히 상상이 간다.

현관에 들어서는 나를 보자 엄마는 곱게 눈을 흘겼다. 아버지는 화가 덜 풀린 눈치였다.

"한심한 짓이나 하고 다니려면 당장 짐 싸서 들어와."

대충 아버지의 성격이 짐작이 간다. 뭐 대한민국 대부분의 아버지들이, 또 부모님들이 이렇다. 확실한 고정관념이 있는 일방통행식의 말투와 생각, 아버지의 확실한 성격은 바로 그 다음 장에 나온다.

어차피 우리 집엔 오려내고 자시고 할 만큼 그렇게 커다란 가족사진도 없으니까. 몇 년 전 오빠 결혼식 날 그 비슷한 걸 찍기도 했다. 하지만 확대해 주겠다는 사진관 측의 호의를 아버지가 딱 잘라 거절했다. 그날 맸던 자신의 넥타이 색깔이 마음에 들지 않는다는 게 표면적인 이유였으나, 아마도 '세상에 거저는 없다'는 투철한 세계관 때문이었을 것이다. 교묘한 바가지를 씌울 요량이 아니라면 왜 굳이 특별한 친절을 베풀겠느냐는 것이 아버지가 타인을 바라보는 방식이었다.

설득보다 더 중요한 것은 '시선 끌기'

+

여기에 나오는 아버지의 성격이야말로 아리스토텔레스의 설득 5단계 중 첫 번째 '시선 끌기'에 가장 적합한 인물이라고 볼 수 있다. 물론 주인공의 아버지가 까다롭고 의심이 많은 성격이어서 설득하기 어렵다고 느낄 수도 있겠지만, 절대로 그렇지 않다.

인간의 심리 중 '인지적 구두쇠 욕구'(cognitive miser)라는 것이 있는데, 은수의 아버지 성격이 대표적이다. 오랜 체험으로 획득한 확실한 자기만의 고정관념이 있기 때문에, 그 고정관념에 의해서만 판단하고 행동하는 것을 선호한다. 많이 생각하거나 고민하는 것은 질색이다. 이런 현상은 어쩔 수 없이 나이가 들수록 더 강해지는 경향이 있다. 그리고 이런 인지적 구두쇠 욕구와 연결되는 심리가 '인지적 종결 욕구'(need for cognitive closure)인데, 이것은 무엇이든 서둘러 답을 정하는 걸 선호하는 심리라고 볼 수 있다. 그래서 이 심리에 대한 해설을 강준만은《생각과 착각》에서 이렇게 설명하고 있다.[22]

 * 어떤 문제든지 분명한 답을 원한다. 그 답이 정답일 필요는 없다.

* 불확실보다는 질서를, 자유와 개성보다는 규칙을, 복잡한 것보다는 단순한 것을 원한다.
* 여러 가지를 해결할 수 있는 일체형 물건이나 장소를 선호한다.
* 기능이 다른 물건을 사서 일일이 정리하는 것보다는 한꺼번에 모든 걸 해결할 수 있는 단순한 라이프스타일을 선호한다.

누구나 그렇듯이 세상엔 생각해야 할 것들이 너무 많다. 생각하고 고민해야 할 것들이 많으니 당연히 무언가 결정하기도 힘들다. 오죽하면 '결정장애'라는 말이 나올까? 사는 게 이렇다 보니 나도 모르게 '인지적 종결 욕구'에 조금씩 빠져들게 된다. 그래서 '설마 나는 그렇게 단순한 사람은 아니겠지'라고 늘 생각하지만, 어디선가 '이거 하나면 끝!'이런 뉘앙스의 말이 들리면 자동으로 고개가 돌아가게 된다. 왜냐하면 세상은 너무 복잡해서 바로 답이 보였으면 좋겠고, 기왕이면 일체형 PC나 일체형 텐트, 종합보험과 같이 한 번에 모든 걸 해결하는 것이면 더 좋겠으니 말이다. 게다가 우린 결정적으로 '빨리빨리'를 너무 좋아하니까 이렇게 한 방에 모든 걸 해결하고 싶어 하는 욕구를 살짝만 자극해도 설득의 고수가 될 수 있다.

방송에서도 '시선 끌기'를 다양하게 활용하고 있는데, 반신욕기를 방송할 때의 내용을 소개하면 다음과 같다.

"'손발이 차다' '소화가 안 된다' '머리가 띵하다' '오전 중에는 기운이 나지 않는다' 이런 경우 있으세요? 이게 다 몸이 차서 생기는 현상이랍니다. 몸이 차다는 건 '순환이 잘되지 않는다' '몸 속에 불필요한 게 많다'는 의미거든요. 이건 노화뿐만 아니라 몸이 상한다는 말입니다. 또 마음도 같이 상하거든요. 딱 하나만 하시면 됩니다. 체온을 높이세요. 그럼 심신이 달라지고요. 그 방법 중 하나가 바로 반신욕입니다."

"건강한 삶의 기본이 무엇인지 아세요? 바로 몸을 항상 따뜻하게 유지하는 겁니다. 우리 속담에 '사람은 빨간 아기로 태어나 하얗게 변해 죽는다'라는 말이 있습니다. 어릴 때는 얼굴에 홍조도 띠면서 건강하잖아요. 나이가 들면서 핏기가 사라집니다. 이게 바로 원활하지 못한 순환이 문제거든요. 이제 하나만 꾸준히 해보세요. 안색이 아이처럼 달라질 수 있어요. 그게 바로 지금 보시는 반신욕입니다."

사람을 설득시키는 것보다 더 중요한 건 '시선 끌기'다. 그런데 이 '시선 끌기'가 의외로 쉽다. 대부분 우리 모두는 쉽고 단순하고 빨리 되고 여러 가지를 한꺼번에 하는 걸 좋아하기 때문이다. 그래서 '이거 하나면 만사 오케이!' '이거 하나면 고민 탈출 행복 시작!' 식으로 인간만이 가지고 있는 강한 종결욕구를 강하게 전달하면 의외로 많은 소득을 얻을 수 있다.

08
'왜냐하면'으로
설득하라

#결정적_한마디 #왜냐하면 #호기심 #기대감

"이렇게 하면 널 가질 수 있을 거라고 생각했어! 넌 내 여자니까!"

드라마 〈모래시계〉에 나왔던 명대사다. 20년이 훨씬 넘은 드라마지만 아직도 사람들의 머릿속에 깊숙하게 남아 있다. 심지어 이 드라마를 보지 않은 세대들도 이 말은 많은 사람들이 기억하고 있다. 여자를 사로잡는 그 한마디, 여자라면 언젠가 한 번은 남자에게서 꼭 듣고 싶은 한마디! 그래서 이 말 한마디에 온몸에 힘이 빠지면서 벅차 오르는 가슴을 진정하지 못하고 그저 남자의 품에 의지할 수밖에 없게 만드는 무장해제 필살기 코멘트!

그런데 '이렇게 하면 널 가질 수 있을 거라고 생각했어'라는 결정적 대사 이전에 어떤 대화가 있었는지 잠깐 살펴볼 필요가 있다.

(태수는 정권의 비호 아래 혜린의 카지노를 접수하고, 혜린의 회사는 풍비박산이

난다. 이때 태수가 혜린의 카지노에 등장한다. 망연자실하고 있던 혜린은 태수에

게…)

혜린(고현정) : 그럴 수도 있었겠다. 억울하고 분해서… 아버지를 죽음에 몰아

넣었다.

태수(최민수) : 당신 아버지에게 화난 적이 없어. 억울하고 분해서가 아니야.

복수 같은 건 생각해 보지도 않았어.

혜린(고현정) : ???

태수(최민수) : 널 갖기 위해서였어. 이렇게 하면 널 가질 수 있을 거라고 생각

했어. 넌 내 여자니까!

뭔가 좀 이상하지 않은가? 나와 사랑하기 위해서, 사랑을 이루기 위해서

우리 집안을 파멸시키다니? 파멸도 모자라서 아버지까지 돌아가시게 하

다니? 여자의 사랑을 얻기 위해 여자가 가지고 있는 모든 것을 없앤 다음

에 "넌 내 여자니까 널 갖기 위해서였어!"라고 한다면 어느 여자가 "아, 너

무 좋아요. 태수 씨 너무 멋있어요"라고 할 수 있을까? 그런데 이게 먹혔다.

먹히는 정도가 아니라 연애 작업 코멘트의 교과서가 됐고, 두고두고 잊지

못할 명품 대사가 됐다. 그냥 들으면 참 멋있는데, 가만히 생각해 보면 "사

랑 같은 소리 하고 자빠졌네!" 하면서 귀싸대기 얻어맞지 않은 게 참 다행

인 소리 아닌가? 그런데도 이 대사가 두고두고 기억에 남는 이유는 "널 가

질 수 있을 거라고 생각했어. (왜냐하면) 넌 내 여자니까!" 바로 숨겨진 '왜냐

하면'에 답이 있다.

* * *

장강명의 소설 《한국이 싫어서》에는 한국이 싫은 수많은 이유가 나온다. 그래서 주인공은 하루라도 빨리 이 버거운 대한민국을 떠나고 싶다. 따라서 수많은 '왜냐하면'이 나온다. 정신을 바짝 차리고 읽지 않으면 나도 모르게 한국이 싫어지고 얼른 떠나야 할 것 같은 욕망이 차오른다.

가만 생각해 보면 지금 그렇게 고생하며 회사에 다니는 것도 예순부터 여든까지 좀 편히 살려고 그러는 거잖아. 그런데 사실 은퇴를 늦게 하면 늦게 할수록 돈이 더 들어. 왜냐하면 나이가 들면 몸이 이곳 저곳 고장 나니까. 병원도 가야 하고 물리치료도 받아야 하고, 은퇴를 앞당기면 그런 자유로운 생활을 건강한 상태에서 할 수 있어.

대화를 한다고 생각하고 듣다 보면 정말 그런 것 같다. 그래서 더더욱 대한민국이 살 곳이 못 된다. 그런데 외국에 간다고 건강할 거라는 보장은 없지 않나? 말이 되고 안 되고를 떠나 이 말이 그럴듯한 이유는 바로 '왜냐하면'에 있다.

사람들은 의외로 이유 같지 않은 이유에 수긍한다

+

우리는 항상 스토리에 목말라 한다. 그래서 새로운 스토리가 나오면 나도 모르게 귀가 쫑긋해지고 무엇이든 받아들이려는 자세를 취한다. 특히 이 '왜냐하면'을 듣고 나면 그 다음엔 무엇이든 우리가 좋아하는 스토리가 기다리고 있을 것 같은 느낌과 호기심이 동시에 온다. 그걸로도 충분하다. 구체적인 이유를 듣지 않아도 뭔가 충족된 것 같은 착각이 자동으로 생긴다. 신경과학자들의 연구에 따르면, 사람들은 '이유'를 알아가는 과정에서 도파민 같은 일종의 쾌락 호르몬까지 방출한다고 한다. 이렇게 '왜냐하면'의 힘은 생각보다 굉장하다. 왜냐하면 머리가 반응하는 것이 아니라 몸이 먼저 반응하니까.

사람들은 '왜냐하면'이라는 말 다음에 이어지는 그 어떤 이유에 대해서는 대체적으로 관대한 본능이 있다. 한마디로 '왜냐하면'이라는 말 다음엔 무엇이 됐든 뭔가 합당한 이유가 있을 것이라고 서둘러 추측해 버리는 버릇이 있기 때문이다. 다시 말해 상대방이 "왜냐하면~"이라고 말을 함과 동시에 나의 머리에는 '머 그럴만한 이유가 있겠군'이라고 동시에 판단해 버리는 것이다. 왜냐하면 '왜냐하면'을 들었기 때문이다.

심리학자 엘렌 랭어(Ellen Langer, 1947~)의 유명한 실험이다. 복사기 앞에서 줄을 서서 기다리는 사람들의 중간쯤에 가서 기다리는 사람에게 다가가 다음과 같이 말을 한다.

1) 죄송합니다만, 제가 지금 5장을 복사해야 하는데 먼저 복사기를 사용하면 안 될까요?

2) 죄송합니다만, 제가 지금 5장을 복사해야 하는데 먼저 복사기를 사용하면 안 될까요? 왜냐하면 제가 지금 굉장히 바쁜 일이 있어서요.

3) 죄송합니다만, 제가 지금 5장을 복사해야 하는데 먼저 복사기를 사용하면 안 될까요? 왜냐하면 제가 꼭 복사를 해야 하거든요.

첫 번째의 양보율은 60%, 두 번째는 94%였다. 그리고 한 번 더 세 번째 실험을 해봤는데, 양보율은 93%였다. 말도 안 되는 이유인 데도 양보를 이끌어 낸 것을 보면 '왜냐하면'이라는 말은 확실히 효과가 있다! 이에 대해 랭어는 다음과 같이 설명하고 있다.

"무의식적으로 형식에 초점을 맞추기 때문에 내용에는 주목하지 않는 것이고 내용보다 형식을 우선시하는 태도는 우리에게 너무도 깊이 뿌리박혀 있다."*23

이제 "널 가질 수 있을 거라고 생각했어. (왜냐하면) 넌 내 여자니까!"가 이해가 간다. '왜냐하면'이라는 말은 우리 모두가 가지고 있는 보편적인 본능을 자극하기 때문이다.

엄마와 아이의 대화를 생각해 보자. 아이가 말을 하기 시작할 때부터 엄마와 아이의 대화는 '왜?'로부터 시작해 '왜냐하면'의 형식이다. 이미 나 스스로 교육하고 있는 셈이다.

'왜냐하면'을 자주 쓰지는 말되 효과적으로 사용하자. 이유 같지 않은 이유에도 우리는 고개를 수시로 끄덕이니까!

09
평범하게 말해도
비범하게 경청한다

#무장해제 #코멘트 #결정적_한마디 #포러효과

- ◆ 45년생 : 희비가 교차한다. 짜증 내지 마라.

- ◆ 57년생 : 현실에 만족하지 못하면 고달프다.

- ◆ 69년생 : 인간관계란 시간을 두고 쌓아가는 것이다.

- ◆ 81년생 : 별일 아닌 문제로 속 썩지 마라.

- ◆ 93년생 : 돈이면 해결될 것이라고 착각하지 마라.

신문에 난 '오늘의 운세'에서 닭띠의 운세를 그대로 적어 보았다. 그런데 가만히 생각해 보니 닭띠가 아닌 사람이 이 글을 한 번 읽고 나면 피식 웃음이 나올 수도 있다.

하루를 살다 보면 희비가 교차하는 일은 다반사로 일어난다.(45년생) 누구나 현실에 만족하면서 살고 있지는 않다.(57년생) 그렇기 때문에 거의 대부분 인생이 고달프다. 짧은 시간에 이뤄지는 인간관계가 얼마나 있겠는가?(69년생) 속 썩는 일들은 별일 아닌, 사소한 것들이 더 많다.(81년생) 그리고 세상 모든 일이 돈으로 해결되는 것은 아니다.(93년생)

너무나 당연한 얘기고, 누구나 다 할 수 있는 말이다. 이렇게 평범한 말인데도 자기 것만 보는 사람에게는 신기하게 이 말들이 다르게 느껴진다. 마치 딱딱 들어맞는 것처럼! 닭띠만 이렇게 평범한가 싶어 바로 위에 있는 원숭이띠의 해석을 봤더니 거의 비슷한 뉘앙스.

◆ 44년생 : 불행하다고 생각하면 더 불행해진다.(당연한 거 아님?)

◆ 56년생 : 괘념치 마라. 살다 보면 곧 잊혀진다.(이런 생각은 하루에도 몇 번씩 든다)

◆ 68년생 : 자식에게 관재수가 생겨 마음이 아프다.(68년생이라면 요즘 세상에 딱 그럴 수 있는 연령대다)

◆ 80년생 : 남보다 가족에게 먼저 신경 쓰라.(가장 일을 많이 할 세대이니 언제나 가족에게 미안하다)

◆ 92년생 : 가까운 사람의 배신이기에 더 아프다.(마침 금요일이어서 대부분 20대에겐 아주 적절한 코멘트가 될 수 있다)

이렇게 평범하고 그저 그런, 누구나 쉽게 할 수 있는 코멘트인데도 이 '오늘의 운세' 코너가 건재한 이유는 뭘까? 사람들은 자신에게 해당하는 띠와 생년의 글만 신경 써서 보기 때문이다. 그러면서 본인에게 닥칠 걱정거리나 지금까지 자신을 괴롭혔던 걱정거리들과 하나씩 대입해 본다. 그러다 하나가 정확히 맞아 떨어지기라도 하면? 그 다음부터는 '오늘의 운세'에 대한 맹신과 함께 그 코너를 제일 먼저 보게 된다. 그래서 아직까지 '오늘의 운세'는 건재한 것이다.

* * *

장강명의 소설 《한국이 싫어서》에서 나(계나)는 제목 그대로 한국이 싫어서 외국으로 이민을 가려고 한다. 그래도 걱정은 되는지 어느 날 친구들의 권유로 용하다는 별 도령을 만난다.

"어디 멀리 가시려나 봐요?"

내 생년월일을 들은 별 도령이 노트북 화면을 잠시 들여다 보고는 뱉은 말에 숨이 막히더라고.

"저… 호주 가려고요."라고 말했어. 별 도령이 키보드를 몇 번 두드리더라.

"역학에서 섬나라는 기본적으로 음기가 강한 걸로 보거든요. 음기에도 여러 종류가 있는데 지금 계나 씨 사주는 호주랑 잘 맞는 편이에요. 그래서 제가 조언을 해드리는 건 호주 음식이 입에 맞는다고 너무 많이 드시면 안 되고… 제 블로그를 보시면 액세서리를 파는데, 그 중에 청룡을 테마로 한 것들이 있어요. 목걸이나 휴대폰 줄 같은 걸 구입하시면 거의 항상 몸에 지니게 되니까 참고하세요. 그리고 말씀드려야 할지 약간 고민스러운 게 하나 있는데…"

"뭔데요? 얘기해 주세요."

그러니까 별 도령이 하는 말이, 내 사주에 도화살이 있대. 그게 호주에 가면 제법 힘을 발휘한다나.

외국에서 살지 말지를 결정하는 것은 인생에 있어 가장 큰 모험일 수 있고, 가장 큰 고민거리다. 그런 사람에게 이 정도 수준의 얘기는 하늘에서 내려온 계시처럼 들릴 수 있다. 별 도령에게 절대적인 신뢰를 보낼 수밖에. 소설엔 나와 있진 않지만 계나는 이미 액세서리를 그 자리에서 샀을 가능성이 높다. 하지만 다행스럽게도… 바로 다음 페이지에 냉정을 되찾은 주인공의 반성이 뒤따른다.

* * *

생각해 보면 별 도령의 예언은 참 실없었어. 점쟁이를 찾아오는 고객이라면 뭔가 고민거리가 있는 사람이잖아. 그런 사람한테 "어디 멀리 가시려나 봐요?"라고 물으면 다들 그렇다고 하지. '멀리 간다'는 말은 이사를 가려는 사람에게도, 졸업 이후를 고민하는 사람에게도, 누군가와 헤어지려는 사람에게도 다 적용되니까. 도화살 얘기도 그래. 외국 나와서 마음은 붕 떠있지, 간섭하는 부모는 멀리 있지, 아는 사람 없으니 외롭지, 호르몬은 들끓지, 호주에 와서 이성 교제의 유혹에 빠지지 않는 게 이상한 거야.

상대가 무장해제되는 코멘트

+

별 도령도 그렇고 '오늘의 운세'도 그렇고 지극히 평범한 표현이었을 뿐인데, 그것을 듣거나 본 우리의 마음은 이리저리 휘둘린다. 그 이유는 앞서도 말했듯이 보편적이며 일반적이고 모호한 방식의 표현일 뿐이지만 대부분의 사람들은 자신의 입장에 맞춰 해석하는 경향이 강하기 때문이다. 이런 방식을 토대로 나는 이 글을 읽고 있는 독자의 성격까지도 맞힐 수 있다.

'혹시 당신은 남으로부터 사랑 받고 칭찬 받고 싶지만 그것과는 상관없이 자신을 스스로 강하게 비판하는 경향이 있지 않은지?'

'당신은 겉으로는 규율을 잘 지키고 자제력이 있는 편이지만 속으로는 사소한 일에도 고민하고 불안해 하는 성격은 아닌지?'

'당신은 외향적·사교적이고 애교도 있지만 한편으로는 신중하며 조심성이 많은 내향적인 면도 겸비한 성격은 아닌지?'

'당신은 낭만적인 성격 탓에 약간 비현실적인 소원을 가지고 있는 사람이 아닌지?'

'아니 어쩜 이렇게 잘 알지?' 하며 놀랄 일이 아니다. 잘 읽어보면 문장 안에는 상반된 두 가지 의미가 있다. 그러니 어지간한 사람이면 모두 다 해당되는 얘기일 뿐이다. 그리고 이것은 심리학자 포러(Bertram Forer)의 실험 예문을 그대로 따온 것이다. 포러 교수는 학생들에게 '당신의 성격 진단 결과'라는 이름으로 이 글을 제시하고, 이 분석이 자신에게 얼마나 맞는지를 5점 만점 기준으로 평가하도록 했더니 평균 점수가 무려 4.26점이 나왔다고 한다.

이것이 그 유명한 포러(Forer) 효과 혹은 바넘(Barnum) 효과이다. 결론적으로 이 포러효과가 말하는 결정적인 한마디는 '사람들은 막연하고 일반적인 성격 묘사가 다른 어떠한 사람에게도 맞는다는 것을 알지 못하고 그들 자신에게 유일한 것으로 받아들이는 경향이 있다'는 것이다.

꼭 친해져야 하거나 아니면 마음에 드는데 좀처럼 기회가 없을 때 상대방에게 "당신은 꽤 기분파이면서도 어느 순간 냉정하고 객관적으로 분석하는 타입의 성격이군요"라고 아무렇지 않게 쓱 던져보라. 그럼 상대에게서 의외의 반응이 온다. 상대는 순간적으로 '아, 이 사람이 나에게 관심이 참 많구나. 그런 것까지 알고 있다니'라고 판단할 가능성이 아주 높다. 그리고는 마음 속 깊숙하게 감춰놓은 비밀까지도 털어놓게 된다. 반대로 나도 똑같은 상황에 빠질 수 있다.

우린 모두 '내 속에 너무 많은 나'를 가지고 있다. 평범하게 말하되 상반된 의미의 여러 가지를 말해 보라. '오늘의 운세'나 '별 도령' 못지 않은 상대를 꿰뚫어 보는 비범한 능력의 소유자가 될 수 있다. 더불어 상대가 누구든, 상대를 어디서 만나든, 상대를 무장해제시키는 신비한 체험을 할 수 있다.

10
무조건 좋다고 외치던
시대는 갔다

#확률 #무조건 #도전정신 #설득

친구 중에 헤어 디자이너가 있다. 워낙 유쾌한 친구라 머리 손질을 하면서 세상에 떠도는 재미있는 가십거리들을 많이 들려주는 친구다. 그런데 어느 날엔가 엉뚱한 아르바이트 얘기를 꺼냈다.

"너 만약에 말이야. 사방이 하얀 벽지로 되어 있는 방에서 한 달 동안 아무것도 안하고 버티는 아르바이트가 있어. 수입은 월 천만원. 대신 방에는 TV도 없고, 아무도 만날 수 없어. 그냥 가만히 있다가 오면 돼. 물론 식사는 모두 제공. 샤워시설 완비. 너 같으면 하겠나?"

"그래? 그런 게 진짜 있어?"

"인터넷에 떠돌더라고. 어느 병원에서 공고를 냈다고 하던데… 아무튼 천만원에 그 정도면 할 만하지 않겠냐?"

"그러게… 아주 못 할 건 아닌 듯한데?"

실제로 그런 아르바이트가 있다면 절대 시도해선 안 된다. 보통 사람 같으면 일주일도 버티기 힘들 것이다. 비슷한 내용이 우에카 리에의 《간파하는 힘》[24]에 나오는데, 그 책의 내용을 빌리자면 몇 주도 못 버티고 우울증과 환청 때문에 중도 포기하게 된다고 한다. 매우 가혹한 아르바이트인 셈이다. 그런데도 웬만한 사람이라면 '충분히 도전할 만하다'는 생각을 순간적으로 하게 된다. 왜 그럴까? 사람들은 100% 보장된 것보다는 어느 정도 도전해 볼 만한 가치가 있는, 그러니까 한 50% 정도 승산이 있겠다 싶은 일에 더 흥미를 가지고 뛰어든다고 한다. 마치 친구와 내가 그렇게 생각했던 것처럼!

* * *

고윤규의 소설 《트렁커》의 주인공 이온두는 유모차 판매점인 '베이비 앤 마미'의 판매원이다. 그녀가 하는 일은 유모차를 사러 온 고객에게 최적의 유모차를 추천해 주는 것이다. 이온두는 유모차 판매의 독보적인 매출을 기록하고 있어서 '유모차는 베이비 앤 마미에서'라는 입소문이 돌 정도였다. 그래서 전국의 엄마들이 그녀를 찾아 직접 매장까지 오는 경우가 허다했다. 그녀가 이렇게 전국적인 유명세를 타는 이유는 유모차에 대해 박사 논문을 쓰는 사람이 그녀를 찾아와 인터뷰를 할 정도로 해박한 지식을 가지고 있기 때문이다. 그리고 그런 지식을 바탕으로 까다로운 엄마 고객들을 상대하면서 유모차를 판매하고 또 엄청난 성과급을 받고 있다. 그런데 이온두는 고객들에게 상당히 불친절하고 심지어 건방지기까지 하다.

나는 친절은커녕 오히려 불친절한 판매사원이었다. 그냥 그들에게 가장 필요한 유모차가 무엇인지 선택해서 판매할 뿐이었다. 그래서 매장에 와서 대접을 받길 원하는 사람들은 나에게 불쾌를 느끼고 돌아가기도 했다. 나는 '고객님'이란 간지러운 말은 쓰지 않았다. 만약 꼭 써야 한다면 '님'을 빼고 싶다. 고객! 이 물건은 어떤가요? 고객! 당신한테 가장 잘 어울리는 건 이 유모차입니다.

그러던 그녀에게 또 한 명의 까다로운 고객이 찾아왔다. 처음 인사부터 이 고객은 이온두에게 까칠하게 군다.

"저한테 맞는 유모차를 골라주세요. KTX 타고 여기까지 온 거예요."

태어나서 11개월 동안 밤낮을 가리지 않고 우는 아이 때문에 엄마는 머리부터 발끝까지 피곤과 짜증에 절어 있다. 그런 고객이라면 어떤 판매원이든 당연히 고객의 눈치를 보면서 아이가 무조건 편안하게 잘 수 있는 유모차를 고르는데 신경을 쓸 텐데 이온두는 예상과는 다르게 행동한다.

그녀의 말에 피곤이 묻어났다. 나는 친절한 판매사원이 아니었다. 때문에 '멀리 오시느라 고생 많으셨어요'라는 말은 하지 않았다.

고객의 간단한 인적사항 등을 파악한 후, 이온두는 바퀴가 아주 큰 유모차를 소개하는데 보통의 판매원들이 할 만한 친절과 미소를 동반한 소개보다는 고객 입장에서는 다소 듣기 거북한 얘기를 한다.

"다시 말할게요. 이 유모차를 끌고 오전에 두 시간씩 외출을 하세요. 힘이 붙으면 빠른 걸음으로 운동하세요."

"애를 태워서요?"

"그럼 유모차에 누굴 태우려 하셨어요?"

내 말투는 썩 좋지 않았지만 그녀도 개의치 않는 듯 보였다.

"바퀴가 세 개밖에 없네요. 전복되지 않을까요?"

"앞 바퀴와 연결된 프레임이 이렇게 길게 쭉 앞으로 빠져 나와 있지요. 바퀴 네 개 달린 것보다 훨씬 안정적이에요. 이건 뛰는 용으로 나왔어요. 그러니깐 여기에 애를 태워서 뛰어도 되는 유모차란 것이죠."

"왜 저한테 이걸 사라는 거죠?"

"왜 이걸 추천했는지 잘 아실 텐데요. 소담 어머님은 꼼짝을 못하고 있어서 산후우울증에 걸린 거에요. 산후우울증! 아시죠? 오전에 집에 있지 말고, 아이를 태우고 공원이나 산책로를 뛰어 다녀요. 아이는 아마 아주 잘 잘거에요. 햇빛만큼 두 분 모자께 필요한 건 없어요. 일주일간 써보세요. 지금 생활과 별반 다를 게 없다면 환불해 드리겠습니다."

100%가 아니라 50%의 가능성에 움직인다

✦

기본적으로 사람들은 설득 메시지를 접하면 그것에 대한 부정적인 이미지부터 자동적으로 떠올린다. 또 사람들은 상대방으로부터 받은 제안이나 설명을 있는 그대로 순수하게 받아들이지 않고 자신만의 색안경으로 삐딱하게 바라보고 순간적으로 부정적인 판단을 한다. 이렇게 되면 아무리 훌륭하고 매력적인 메시지라 할지라도 곧이곧대로 들릴 수가 없다. 더구나 제안자의 전문성이나 권위가 떨어진다면 신뢰도도 현저하게 떨어지게 되고 설득은 더더욱 어렵고 힘들다. 이럴 때 '무조건 100% 된다'거나 '무조건 확실하다'는 메시지보다는 상대방의 도전의식을 자극하면서 50%의 가능성을 제시하면 이번에는 제안을 받은 쪽에서 반응이 온다. '오, 할만 하겠는데. 한 번 해볼까?'라는 생각 때문이다.

어떤 놀이든 가장 재미있는 놀이는 성공과 실패의 확률이 공존할 때 그 재미가 극대화된다. '내가 조금만 신경 쓰고 노력하면 성공할 수 있다'는 생각이 들 때 사람들의 태도는 아주 적극적으로 변한다는 의미이다.

소설에서도 소담 엄마가 '무조건 아이가 편안해 하는 유모차'라는 말을 이온두로부터 들었다면 더더욱 까다로운 고객이 됐을 것이다. 하지만 그런 말이 아니라 '엄마는 아이와 같이 햇빛을 받고 따로 운동이 필요하다'는 메시지에 흔들린다. 즉 엄마의 노력도 필요하다는 말에 마음이 움직이고 당연히 '나도 노력을 해야겠지만 충분히 할 만하겠군'이란 생각 때문에 불친절한 이온두의 태도에도 별다른 불만을 표시하지 않고 순순히 결제를 했다.

나 역시 TV홈쇼핑에서 다이어트 상품을 팔 때는 이렇게 말할 것이다.

"아무런 노력도 없이 이것만으로 살을 빼겠다는 생각은 하지도 마세요. 세상에 그렇게 절대적인 100% 다이어트 상품은 없습니다. 단 꾸준히 운동을 하겠다는 분들은 주문하세요. 이 상품의 다이어트 효과는 자신할 수 있습니다. 잊지 마세요. 다이어트 성공의 반은 나 자신에게 달려 있습니다."

그럼 방송을 보는 시청자는 이런 생각을 할 것이다.

'그렇지. 다이어트는 내가 하는 거니까. 상품 효과는 확실하다니까…. 한번 해볼까?'

'100% 좋아요!'보다 '50%만 좋아요!'가 때로는 더 설득력이 있다. 나머지 50%는 상대가 알아서 움직인다. 도전정신이 생기고, 그 도전 때문에 설레기 때문이다. 무조건 좋다고만 외쳐대던 시대는 지났다.

11
단점을 섞어야
설득력은 배가된다

#단점 #하지마 #부정메시지 #설득

쇼호스트를 하면서 항상 느끼는 거지만 방송을 할 때도 마찬가지고, 친구나 직장 동료 등 주위 사람들에게 내가 하고 있는 상품의 장점을 얘기할 때면 상대는 '아, 그런 좋은 상품이 있구나~' 하는 반응보다는 부정적일 때가 더 많다. 이를테면 이런 식이다.

"오늘 방송하는 상품이 뭐야?"

"응. 몸에 좋은 홍삼!"

"그래? 홍삼은 체질에 따라 다르다고 하던데… 괜찮아?"

체질과 상관없이 괜찮다고 말을 하면 대부분 그 다음은 가격이나 형태(농축액인지 파우치인지)를 물어보면서 본능적으로 어딘가 단점을 찾으려는 노력을 한다. 어릴 때부터 '～하지마' 소리만 듣고 살아서 그런지 좀처럼 긍정적인 면에 호응을 하는 사람을 자주 보진 못했다.

＊ ＊ ＊

"선도연합회요?"

"그래. 선도연합회. 너도 이제 곧 알게 될 거야. 우리 지역에선 공식적으로 일진이란 말 안 써. 우리끼리야 내막을 아니까 자연스럽게 사용하고 재훈이 형도 회장님 뭐 그런 소리 듣는 것 웃긴다고 싫어하니까. 일대 부대 그러지만, 공식적으로는 회장 부회장 부장 그렇게 다 따로 간부 직급이 있어. 재훈이 형이 선도연합회 회장이야. 내가 우리 학교 자율선도부 부장이고. 자율선도부가 뭔지 모르지?"

"선도부 아닌가요?" 강충식이 고개를 저었다.

"선도부는 따로 있고. 우린 자율선도부 소속이야. 아침에 등교할 때 교문 앞에 서있는 애들이 선도부고 우린 그런 건 안 해. 우린 야간에 애들 시내 단속 같은 걸 하지. 공식적으로는. 학원 폭력 근절 뭐 그런 활동도 하고."

시내 단속? 무언가 앞뒤가 바뀌어 있는 것 같았다. 일진이 학원 폭력 근절 활동을 한다고?

도선우의 소설 《스파링》의 한 대목이다. 고아원 출신의 타고난 싸움꾼 강태주는 중학교에 입학하자 마자 일진도 아닌, 그렇다고 선도부도 아닌 신흥폭력집단의 입단 제의를 받지만 단칼에 거절하고 거기다 그 집단의 2인자를 한 방에 때려 눕힌다. 그리고 다음날 쓰레기 소각장에서 그 자리에 있었던 같은 학교 3학년 선배에게 선도연합회에 대한 설명을 듣는 장면인데, 강태주의 태도도 긍정적인 반응은 없고 어딘가 개운치가 않다. 그러면서 부정적인 입장은 입 밖에 내지 않고 머릿속으로만 생각하고 있다. 태주의 태도에 문제가 있는 것이 아니다.

의심을 섞어 설명하라

+

일단 우리의 머릿속에는 '구두쇠'가 떡 하니 들어 앉아 있어서 무언가 처음 접하는 것을 보게 되면 좀처럼 후한 점수를 주지 않고 단점을 먼저 찾는다. 처음 만나는 사람에게 좋은 점수를 주지 않는 것과 마찬가지다.

이렇게 머릿속에 구두쇠가 들어 있는 사람들에게 효과적으로 태도 변화를 일으키기 위해서는 의도적으로 상대가 생각할 만한 부정적인 정보나 생각을 먼저 언급하면 좋은 효과를 얻을 수 있다.

만약 앞서 언급한 홍삼에 대해 이야기해 보면 상대가 생각할 만한 부정적인 포인트를 내가 먼저 지적하는 거다.

"오늘 방송하는 상품이 뭐야?"

"응. 몸에 좋은 홍삼!"

"그래? 홍삼은 체질에 따라 다르다고 하던데… 괜찮아?"

"그럼, 당연하지. 특히나 요즘처럼 미세먼지가 많을 때 면역력이 떨어지니까 당연히 홍삼이 필요하지. 가격이 좀 비싸긴 하지만 농축액 타입이라 조금씩만 먹어도 효과는 확실히 다르잖아."

"아. 비싸긴 해도 필요하겠구나."

상대를 설득하기 위해서는 최대한 포인트를 단순화해 3가지로 압축해서 전달하라는 메시지를 많이 접했을 것이다. 하지만 이제 세상이 많이 변했다. 정보는 엄청나게 많이 늘었지만 이에 반비례해서 관심은 뚝 떨어졌다. 관심이 없는데 정보가 무슨 소용이 있겠는가? 더구나 우리의 머리엔 이미 예전부터 짜디 짠 구두쇠가 떡 하니 들어 앉아 있는데 말이다. 그래서 포인트를 3가지로 압축하는 것까지는 좋은데 중간에 살짝 부정적인 메시지나 질문을 추가하는 것이 더욱 효과적이다. 대신 이것을 맨 처음이나 마지막에 언급하는 것은 금물이다. 처음부터 부정적인 메시지를 접한 사람은 그것이 처음에 각인되어 끝까지 부정적인 이미지로 남게 된다. 첫인상이 나쁜 사람이 나중에 아무리 몸부림 쳐도 그 인상이 좋아질 수 없는 것과 같다. 그리고 제일 마지막에 부정적 메시지를 전달하는 것도 좋지 않다. 마지막에 부정적인 정보를 접하면 그냥 부정적인 인상이나 기억만 남게 될 가능성이 높기 때문이다.

그래서 중간에 부정적인 메시지를 오히려 내가 먼저 노출함으로써 신뢰도를 높이는 방법이 효과적이다. 긍정의 포인트를 2개 제시했다면 그 다음은 부정적 포인트를 전달한 다음 그 부정적인 포인트를 압도할 만한 가장 매력적인 정보를 제시하는 것이다.

TV홈쇼핑에서 두피에 레이저를 쏴서 머리카락이 새로 나게 하는 '발모기기'를 방송한 적이 있었다. 이미 식약처로부터 '발모가 된다'는 표현을 쓸 수 있도록 허가까지 받았기 때문에 방송하는 것이 그렇게 쉬울 수 없었다. 그동안은 어떤 제품이든 기껏해야 '탈모 방지' 정도만 언급할 수 있었는데 '발모'와 '머리카락이 자란다'는 표현을 쓸 수 있는 상황이었다. 더구나 한국인을 대상으로 임상시험까지 마쳐서 그 효과를 과학적으로 입증할 수 있었으니 신뢰감이 팍팍 묻어났다. 탈모로 고생하는 많은 이들에게 구세주 같은 존재이니 굳이 따로 부연설명을 안 해도 '임상시험 결과'와 '발모'만 얘기해도 되는 땅 짚고 헤엄칠 수 있는 고마운 상품이었다.

하지만 여기서 그치면 뭔가 양념이 덜 들어간 느낌이 들었다. 그리고 무조건 좋다고 일방적으로 외치는 것 같아 1) 발모(결과 제시) 2) 식약처 임상시험 결과(근거 제시)의 두 가지 정보를 전달한 후에 일부러 부정적인 메시지를 추가했다.

"이렇게 임상시험 결과를 봤듯이 모낭만 살아 있다면 8주 동안 하루에 18분씩 레이저를 쏘이면 머리카락이 새로 자라거나 기존의 머리카락이 굵어집니다. 그런데 이걸 보시고 어느 분은 이렇게 생각하실 거에요. '저거 머리숱 많은 사람 데려다 시험한 거 아냐?' 맞습니다. 저도 그렇게 생각했어요. 그래서 시험에 참가했던 분들의 모발상태를 공개하겠습니다."

그리고 사진을 공개하면 그 안에는 머리숱 상태가 심히 안 좋은, 속알머리 없는 사람, 주변머리 없는 사람, 앞이 훤한 사람의 모습이 보인다. 모르긴 해도 제품에 대한 신뢰도가 급상승 했으리라. 그 틈을 놓치지 않고 한마디를 더한다.

"보셨죠? 이런 분들이 시험에 참가했습니다. 이제 인생역전이란 말은 복권에서만 쓰는 말이 아닙니다. 인생역전보다 더 큰, 더 짜릿한 한 방이 있습니다. 우연도 아니고 행운도 아닙니다. 과학에 맡기세요. 이제 풍성해질 수 있습니다."

무조건 장점만으로 밀어붙이는 것보다는 단점을 질문의 형태로 섞으면서 자문자답하는 형식으로 설명하면 상대의 관심이 증폭된다. 정보는 넘치지만 관심은 갈수록 줄어드는 세상에 꼭 새겨야 할 방법이다.

12
사람들은 듣고 싶은 말만
듣는다

#대화 #끌어내기 #들어주기 #외면

우리 팀의 에이스가 경기 초반부터 연속 안타를 허용하고 만다. 만약 당신이 투수 코치라면 투수에게 어떤 조언을 해야 투수가 안정을 찾을 것인가? 다음은 실제 상황이다.

'1회 2사 만루 상황이었고 2아웃이기 때문에 이재원만 넘으면 어려운 위기를 실점 없이 끝낼 수 있었다. 1회를 잘 마무리 지으면 다음 이닝도 쉽게 넘어갈 수 있었을 텐데 이재원에게 초구에 속구 하나를 가운데로 던지면서 적시타를 허용했다. 그 뒤 나주환까지 연속 적시타를 맞으면서 1이닝에만 4실점을 하고 말았다.'[*25]

모 포털 사이트에서 연재하는 〈손혁의 시행착오〉'투수코치는 마운드에서 무슨 말을 할까'에 소개됐던 이야기이다. 이런 상황에서 코치는 투수에게 어떻게 조언했을까?

'난 이재원 타석을 앞두고 마운드에 올라가 현희에게 "초구는 슬라이더로 가자"고 3번 이상 당부했다. 그리고 포수 (김)재현이에게도 같은 말을 했다. 하지만 현희는 초구에 속구를 던져서 안타를 맞고 실점하며 결국 패전투수가 됐다.'

코치 입장에서는 어안이 벙벙할 상황이 됐다. 당연히 1회가 끝나고 투수와 포수에게 "왜 초구에 슬라이더(변화구)를 던지지 않았냐?"고 물었더니 투수는 "마운드 위에서 코치님이 뭐라고 했어요?"라고 반문하고, 포수는 "슬라이더(변화구) 사인에 투수가 고개를 흔들어서 바로 (속구로) 바꾸어줬다"고 했다고 한다. 이 일 이후로 그 투수 코치는 커다란 깨달음을 얻는다.

'내가 하고 싶은 이야기를 하는 것이 아니라 투수가 듣고 싶어 하는 이야기를 해주는 것이 옳다.'

생각지도 않게 초반에 4실점이나 한 투수는 지금 경황이 없다. 냉정하게 상황 판단을 할 멘탈이 될 수 없다. 실제로 투수는 코치가 한 말을 기억도 못하고 있었다. 이럴 때 무조건 코치가 구종을 선택해서 강요하기보다는 투수에게 던지고 싶은 구종을 물어본 뒤 그 공에 대해 자신감을 실어주는 것이 더 현명하다는 판단인데, 야구뿐만 아니라 일반적인 상황에서도 두고두고 염두해야 할 내용이다.

* * *

이홍의 소설《걸프렌즈》에서 주인공 한송이는 직장 동료 유진호 대리와 소위 밀당을 하는 관계다. 소설에선 그와 사귀기 시작한 결정적인 첫만남을 이렇게 표현하고 있다.

"말해봐요. 뭐 먹고 싶은 거 있는지… 어서 먹으러 가요."

"…… 추어탕. 어때요?" 나는 조심스럽게 말한다.

"추어탕?" 그가 반문하는 것을 보니 적잖이 놀란 눈치다. 첫 데이트에 추어탕이라니, 놀란 만 하겠다. 그래도 어쩌겠는가? 이미 입 밖으로 튀어나간 말이거늘. 사실 지금은 푸석푸석한 고기나 피자 따위가 목구멍에 넘어가지 않을 것 같다.

"네. 이렇게 목이 칼칼한, 감기 기운이 있을 땐 추어탕이 제격이거든요."

"나 추어탕 진짜 좋아하는데!" 그가 반색한다. "내가 제일 좋아하고, 제일 자주 먹는 음식이에요. 우리 한 그릇 때리러 가죠!"

그는 길을 가다가 몹시 반가운 동창이라도 만난 것처럼 말한다. 그 말은 내게도 '말뚝박기'하던 친구를 만난 것 같은 기분을 자아내게 한다. 교복 치마 아래로 체육복을 껴입고 '말뚝박기'를 함께했던 친구처럼 그가 허물없이 느껴진다.

추어탕 한 그릇이 전혀 다른 성격의 남자와 여자를 친밀감 속으로 쑥 밀어 넣는다. 그래, 어쩌면 추어탕은 친밀감의 알리바이다.

둘이 사귀게 된 건 '추어탕' 때문이 아니라 상대가 하고 싶은 말을 유도하고 거기에 맞장구를 쳐 준 유진호의 대화 기술이다.

상대가 하고 싶은 말을 끌어내는 기술
✛

개인적으로도 비슷한 경험이 있다. 갓 골프 프로 자격증(KPGA)을 획득한 선수들을 모아서 매치플레이를 하는 '루키 챔피언십' 대회 캐스터를 수년 간 진행하고 있는데, 경기 중 고등학교 2학년 학생과 인터뷰를 한 적이 있었다. 이 친구는 그 경기에서 상대 선수에게 큰 스코어 차로 뒤지고 있었고, 이 상태에서 몇 홀만 지나면 첫 경기에서 맥 없이 질 수밖에 없는 상황이었다. 또 안타깝게도 산만한 덩치의 이 선수는 성격이 내성적이었다. 담당 PD가 이런저런 인터뷰를 하려고 했지만 이 친구는 얼굴이 새빨개지면서 한마디의 말도 못하고 있었다. 심지어 '이렇게 저렇게 말해라' 식으로 내용을 알려줘도 못했다. 난감한 상황을 견디지 못하고 결국 PD가 나에게 구원 요청을 했다.

"아나운서님. 김○○ 선수가 말을 하나도 못해요. 큰일 났어요. 어떻게 좀 해주세요."

일단 웃는 낯으로 한마디 했다.

"오늘 긴장을 많이 했구나. 뭐 컨디션이 안 좋은 거니?" "아니요."

"잘 안 되는 샷은 없었고?" "네…"

"특별히 아쉽거나 기억나는 홀은 있었어?" "없어요."

여전히 단답형이다. 그래서 이래선 안 되겠다 싶어 다운된 이 친구의 멘탈부터 살리는 방법을 썼다.

"너, 너희 반에서 수학 잘 해?" "아니요. 못해요."

"그럼 영어는 잘 해?" "아니요."

"그럼 골프는 너희 반에서 너 몇 등 해?" (씩 웃으면서) "제가 제일 잘해요."

"너 전교에서도 네가 골프 1등 아니야?" "네. 맞아요."

"그래~ 지금 너는 네가 학교에서 제일 잘하는 골프 얘기를 하는 거야.

수학이나 영어 얘기할 때 우물쭈물하는 건 이해되지만 네가 제일 잘하는 거를 물어보는 건데 최소한 너네 학교 학생들 중에서는 골프 얘기를 제일 잘해야지. 안 그래?"

"아… 그러네요."

그제야 이 친구가 표정이 밝아지면서 말이 술술 풀리기 시작했고 인터뷰도 방송 분량이 넘칠 정도로 아주 수월하게 잘 마칠 수 있었다. 이 광경을 본 담당 PD가 놀라며 물었다.

"아니, 나랑 인터뷰 할 때는 단 한마디도 말을 못하더니 어떻게 된 거에요?"

"응… 영업 비밀이야."

골프라는 운동은 특히나 멘탈 스포츠라서 아주 작은 부분이 경기력에 엄청난 영향을 미친다. 그래서 인터뷰도 마찬가지다. 선수의 좋은 샷을 기억해 뒀다가 그 상황을 위주로 대화를 이끌어 가면 선수는 신이 나서 이야기한다. 앞서 투수 코치의 깨달음처럼 상대가 하고 싶은 얘기를 이끌어 내면 되는 것이다.

흔히들 직장이나 학교에서는 '상사나 선배가 개떡 같이 얘기해도 찰떡 같이 알아들어라'[*26]는 농담 섞인 말을 자주 듣는다. 하지만 진실은 개떡 같이 얘기하면 누구나 개똥 같이 알아듣는다. 사람은 듣고 싶은 말만 듣기 때문이다. 그리고 그 전에 자기가 하고 싶은 말만 본능적으로 떠올린다. 그러니 찰떡 같이 얘기해도 찰떡 같이 못 알아들을 확률이 높다. 특히나 사람은 성공한 경험이 많을수록, 알고 있는 지식이 많을수록, 나이가 상대보다 많을수록 자신의 생각과 말을 참기가 어려워진다. 그러면서 "이럴 때는 이렇게 해야 돼!"는 참 쉽게, 아무렇지 않게 말한다. 하지만 이런 대화는 언젠가는 외면이라는 참사를 부른다.

"이럴 때 너라면 어떻게 하겠니?"라거나 "네가 하고 싶은 얘기를 해 봐. 나는 무조건 찬성이다."라고 말하는 습관을 들여야 한다. 언제 어디서나 상대가 하고 싶은 얘기를 이끌어 낼 수 있는 자가 진정한 커뮤니케이션의 승자가 된다.

13
생각의 속도를
앞지르는 워딩

#워딩 #낱말 #단어 #표현

언젠가 회사에서 〈글쓰기 마케팅〉이란 주제로 강좌를 개설한 적이 있었다. 그때 강사는 본인 소개를 하면서 '사람들에게 광고는 어떻게 인식되는가?'에 대해 아주 인상적인 얘기를 했다.

"저는 제일기획에서 카피라이터로 일을 하면서 여러 광고를 제작했습니다. 그러다가 조직생활에 회의를 느껴 갑자기 사표를 내고 SBS로 옮겼습니다. 방송사에서도 카피라이터가 할 수 있는 일이 많더라고요. 그렇게 일을 하다가 다시 그만두고 지금은 큰 프로젝트가 있을 때만 같이 일하는 프리랜서로 활동하고 있습니다. 이렇게 일을 하니까 내 자유시간은 많아지고 수입도 훨씬 더 많아졌습니다. 그리고 이렇게 광고 카피 관련 강의도 하고 있습니다. 이렇게 얘기하면 제 말을 들은 사람들은 나중에 무엇을 기억할까요? 당연히 제 말 그대로를 기억하지 못하지요. 심지어 제 이름도 기억을 못하는 분들이 대부분이에요. 대신 사람들은 본인이 들은 인상 깊었던 말 중에서 문장이 아닌 '워딩'으로 기억을 합니다. '제일기획' 'SBS' '고수입' 이런 식이지요. 그래서 광고나 마케팅은 내 말을 듣거나 보는 사람이 좋아할 만한, 듣고 싶은 얘기를 하는 것이 중요하죠. 우리는 이렇게 어떤 것을 기억할 때 전체 문장으로 이해하는 것이 아니라 '워딩(혹은 낱말)'으로 파악합니다."

* * *

옥성호의 소설 《서초교회 잔혹사》는 대형 교회에 대한 풍자소설이다. 오랜 역사를 자랑하는 서초교회에 야심만만한 김건축 목사가 담임 목사로 부임하고 그는 교회의 규모와 돈벌이에만 집착하면서 각종 비리사건이 터진다. 급기야는 청년부 목사 부임을 약속 받고 각종 비리에 협조했던 제임스 송 목사가 김건축 목사의 비리를 언론에 폭로하면서 교회는 발칵 뒤집힌다. 그러나 그것도 잠시, 김건축 목사는 제임스 송 목사를 돈으로 포섭해서 본인이 했던 고발이 모두 거짓이었다는 '회개 해명서'를 언론에 공개한다. 그런데 그 해명서에는 구체적으로 본인이 무엇을 잘못했는지에 대한 지적은 없고 두루뭉술하게 '사죄' '회개' '사탄' '용서' 등의 말만 난무하다. 이 해명서를 읽고 수많은 교인들은 모든 사태가 마무리된 것이라고 생각할까?

순박하지만 꼼꼼한 청년부 장세기 목사가 서초교회의 비서실장 격인 주충성 목사에게 어렵게 말을 한다.

"그런데 주 목사님, 교인들이 그 해명서를 보고 수긍을 할까요? 내용이 구체적이지 않아서 좀 걱정이 되는데."

주 목사는 내 질문에 내가 청년부 간사들을 향해 말하는 투로 대답했다.

"장 목사님, 우리 교인들은 생각을 많이 하지 않아요. 나는 교인들이 그 해명서도 제대로 읽지 않을 거라고 봅니다. 그냥 제목만으로도 충분해요. 제임스 송 목사가 회개했다는 제목, 그거로 충분해요. 내가 제목에 '회개'라는 단어를 절대 빠트리면 안 된다고 〈네버컷 뉴스〉에 강력하게 얘기했지요. 그 단어가 들어가지 않으면 모든 거래를 없던 것으로 하겠다고 제임스에게도 확실히 말했고요. …… 우리 교인들은 내용이 어떻든 그런 건 상관하지 않습니다. 그냥 제임스가 사탄에 의해 잘못했고 회개하고 돌아와 김 목사님께 사죄했다는 것으로 충분해요. 장 목사님이 우리 교인들의 수준을 너무 높게 보는 것 같아요. 눈높이를 좀 조정하셔야겠어요."

워딩과 낱말의 영향력은 생각보다 크다

✚

TV홈쇼핑에서도 워딩은 중요한 역할을 한다. 시청자가 TV를 통해 상품을 봤을 때, 그 상품이 주는 이미지나 느낌은 쇼호스트가 하는 수많은 말 중에서 귀에 먼저 꽂히는 몇 가지의 낱말을 취사 선택해서 정할 것이다. 그리고 그 낱말이나 워딩이 뇌리에 꽂히는 순간, 마음에 드는 순간부터 주목을 할 것이고 짧은 시간 안에 시청자는 주문을 할 것이다. 만약 주문을 하지 않았다면 워딩 자체에 별 감흥이 없었거나, 그 워딩이 계속 머리에 남아 주문을 하지 않은 것을 후회하게 될 가능성이 높다.

대부분의 TV홈쇼핑 방송이 정해진 원고 없이 생방송으로 진행되기 때문에 방송언어 훈련이 어느 정도 되어 있는 진행자라 할지라도 주어와 서술어가 맞지 않거나, 논리에 맞지 않는 문장을 구사하는 경우가 잦다. 만약 시청자가 쇼호스트의 미숙한 방송언어 사용능력을 알아차렸다면 시청자는 바로 채널을 돌릴 가능성이 높을 것이다. 하지만 시청자는 문장이 아닌 낱말이 주는 느낌과 분위기에 주목을 한다. 다시 말해 사람들은 문장 전체를 다 파악하고 진위를 판단하는 것이 아니라, 몇몇 인상 깊었던 낱말을 토대로 전체를 파악했다고 생각하고 그 파악을 토대로 성급하게 평가를 내린다.

이처럼 사람들은 스스로 관심이 많은 분야나 사건이라 할지라도 좀처럼 전체를 면밀하고 자세하게 들여다 보고 탐구하지 않는다. 대신 그것을 표현하는 몇 가지의 워딩과 낱말로 전체를 규정하는 편향성을 가지고 있다. 인터넷 뉴스의 제목이 왜 점점 격해질 수밖에 없는지 저절로 이해가 된다. 일단 격해야 관심을 끌 것이고, 더 무서운 건 제목에서 나열한 낱말만 보고 그 사건을 이해하고 규정할 가능성이 아주 높다는 사실이다.

결국 문장이 아닌 워딩의 문제다. 방송에서 표어나 선언문 같은 짧은 글로 상품의 특징을 최대한 극적으로 표현할 수만 있다면 반은 먹고 들어가는 거다.

"내 몸의 그린라이트!"

"사막 같은 내 몸에 단비를 뿌려주세요."(생식)

"수준 높은 건강 관리는 상위 5% 지삼으로."(홍삼)

"남들은 덥다고 땀 나는데 나는 관절 때문에 식은땀 납니다."

"이제 슬픈 관절이 아니라 기쁜 관절이 됩니다."

"평생 잊지 못할 선물은 건강하게 웃고 있는 관절을 만날 때입니다. 선물 받아가세요."

90% 무지방우유와 10%의 지방우유가 있다. 어느 쪽에 더 손이 갈까?

또 이제 막 엘리베이터를 타야 한다. 지금 못 타면 100% 지각이다. 억지로 몸을 구겨서 엘리베이터를 타려 하는 데 옆의 경고문이 눈에 들어온다. 당신이라면 어떤 글을 읽었을 때 움찔할 것 같은가?

1) 이 엘리베이터의 사고율은 0.01%입니다.

2) 이 엘리베이터는 만 번마다 반드시 한 번은 사고가 납니다.

행동경제학자 대니얼 카너먼의 《생각에 관한 생각》[*27]에 나오는 실험이다. 현명하고 이성적인 사람의 결정이라면 90% 무지방우유와 10% 지방우유를 선택한 사람의 비율은 똑같아야 정상이다. 어차피 둘 다 똑같은 성분의 우유니까! 그리고 엘리베이터도 마찬가지다. 사고율 0.01%와 '만 번마다 반드시 한 번의 사고'는 똑같은 이야기이다. 하지만 우리는 90% 무지방우유를 더 선호하고, 만 번마다 반드시 한 번은 사고가 나는 엘리베이터는 지각을 한다 해도 피하게 된다. '무지방'이라는 낱말과 '반드시 한 번'이라는 워딩이 우리를 움직이기 때문이다.

따라서 이성적이거나 냉철한 분석, 합리적인 결정을 못하는 것에 대해 안타까워 하기보다는 무엇을 표현하든 적절한 워딩을 개발하고 찾는 게 더 인간적인 방법이 아닐까?

14
'예상 밖의 한마디'는
의외로 강하다

#광고 #60초 #피크_테크닉 #지상렬

"60초 후에 공개됩니다!"

오디션 프로그램에서 MC가 했던 이 말은 어느새 전 국민의 유행어가 됐다. 지금도 그 오디션 프로그램에서 조마조마했던 발표 순간 때 나왔던 이 한마디에 모두들 탄식을 자아냈던 기억이 생생하다.

이때 재미있는 것은 같은 순간에 "광고 후에 다시 오겠습니다!" "잠시 후에 공개합니다!"라고 했던 것과는 전혀 다른 반응이 나왔다는 것이다. 탈락자를 확인하는 절체절명의 순간에 들어오는 광고는 짜증을 유발한다. 방송사 입장에서는 그 광고가 수입의 원천이므로 아주 중요하겠지만 시청자는 그 순간을 기다리기가 못 견딜 정도로 길다. 그래서 "광고 후에 공개합니다!"라는 말처럼 얄미운 말도 없다.

그런데 이 말을 살짝 다르게 돌려서 '60초'라고 말하니까 부정적인 반응이 거짓말처럼 줄어들었다. 광고라는 말 대신 '60초'를 제시하면 시청자는 순간적으로 60초만을 생각하고, 60초라면 충분히 기다릴 만한 만만한 시간이라는 무의식이 발동한다. 그리고 늘 생각했고 예상했던 '광고'란 단어 대신 전혀 예상하지 못했던 '60초'를 들으면서 신선함 또한 느꼈을 것이다.

'말 한마디로 천 냥 빚을 갚는다'더니 그야말로 '광고' 대신 '60초'라는 멘트 바꾸기로 가차없이 채널이 돌아갈 위기를 모두가 숨죽여 기다리며 광고를 보는 역전의 시간으로 바꿔버렸다. 한마디로 천덕꾸러기가 신데렐라로 변신한 셈이다. 이렇게 누구나 예상하는 평범한 얘기가 아닌 전혀 예상치 못한 한마디로 상대의 호기심을 자극하고 더 나아가 그 예상 밖 한마디로 상대가 스스로 상상하고 예측하게 하는 화술의 기법을 '피크 테크닉'(Pique Technique)이라고 한다.

* * *

조정래의 소설《풀꽃도 꽃이다》에서의 주인공인 강교민은 수업 중 학생들을 둘러보고는 칠판으로 돌아선 후 한 문장을 적는다.

'필요한 사람은 적어두도록'

보통 수업시간에 선생님이 무언가를 적으면 학생들은 자연스럽게 당연한 듯이 그 무언가를 따라 적게 된다. 그런데 '필요한 사람은 적어두도록'이라고 적으면 자연스럽게 그 필요한 것이 '과연 무엇일까?'라는 궁금증을 자아내게 한다. 선생님이 칠판에 적으셨으니 우리에게 불필요한 것은 적지 않으실 것 같고, 결국 아주 '중요한 무언가를 적으시려나 보다'까지 상상하게 한다. 그냥 "중요한 것이니 노트에 필기해라"고 하는 말보다 더더욱 강력한 에너지를 지닌 '예상 밖 한마디'가 된 셈이다.

'인간의 가장 큰 어리석음 중에 하나는 나와 남을 비교해 가며 불행을 키우는 것이다.'

'공부하는 능력은 인간의 수많은 능력 중 하나에 지나지 않는다.'

'모든 인간이 평등하듯이 인간의 모든 능력도 평등하고 공평하다.'

'학교 교육의 가장 큰 잘못은 시험 점수만으로 학생의 능력을 규정하고 속단하는 것이다.'

'학교를 다니는 것은 지식을 쌓는 것만이 아니라 한평생 신명 나게 할 수 있는 일을 발견해 내기 위해서다.'

'이 세상에 귀하고 천한 직업은 없다. 도둑질과 사기가 아닌 그 어떤 직업이든 소중하고 존귀하다.'

'성공한 인생이란 자기가 가장 하고 싶은 일을 찾아내고, 그 일을 한평생 열심히 즐겁게 해 나가고, 그리고 사는 보람과 행복을 느끼며 노년을 맞는 것이다.'

'인생은 연극이다. 그런데 그 연극은 극작가도, 연출가도, 주인공도 자기 자신이면서, 단 1회의 공연일 뿐이다.'

'이 세상에 문제아는 없다. 문제 가정, 문제 학교, 문제 사회가 있을 뿐이다.'

- 교육가 닐

강교민 선생은 이렇게 '예상 밖의 한마디'를 구사하면서 내용의 중요성을 더 크게 학생들에게 각인시켜 주었다. 확실히 '소통'은 훌륭한 선생님에게 반드시 필요한 첫 번째 덕목이다.

귀가 열리는 특별한 코멘트

✛

커뮤니케이션 학자의 산토스(1994)가 예상 밖의 한마디, 즉 피크 테크닉에 대한 정의를 내린 주인공인데, 그는 거지로 분장시킨 실험자에게 길거리에서 한 시간 남짓 동안 지나가는 사람들에게 다음 두 가지의 말을 하도록 시켰다.

하나는 "미안하지만 저에게 돈을 좀 주시지 않겠습니까?"

또 하나는 "미안하지만 저에게 17센트만 주시겠습니까?"

그리고 두 가지 질문에 지나가는 사람들 중 얼마의 사람들이 거지의 요청을 들어줄 것인가에 대해 실험을 했다. 첫 번째 질문에서는 지나가는 사람 중 44%가 거지의 부탁에 응했다. 44%의 사람들이 돈을 주거나 부탁에 말로써 응대를 했다는 뜻이다. 그런데 두 번째 부탁 "미안하지만 저에게 17센트만 주시겠습니까?"라는 말의 응대율은 무려 75%까지 올랐다.

이 실험도 역시 앞서 '광고'와 '60초'의 비교와 일맥상통한다. 지나가는 사람이 거지의 행색을 보고 쉽게 떠오를 수 있는 평범한 말인 '돈을 좀 주시겠습니까?'에는 좀처럼 반응을 보이지 않는다. '광고 후에 공개합니다'란 말을 듣고 짜증을 내는 것과 같다. 그런데 전혀 예상하지 못한 말 '17센트만 주시겠습니까?'에는 마음이 움직였다. 행인 입장에서는 처음 보는 거지에게서 뻔한 말이 아닌 생각 밖의 말을 듣는다. 그리고 나서 그 17센트란 금액에 호기심이 작동한다. '왜 하필 17센트일까?' 일단 호기심이 작동하면 부정적인 마음은 긍정적으로 마인드 세팅이 바뀐다. 그리고 나서 행인은 고맙게도 이 '17센트'에 대해 나름의 상상력까지 발휘하기 시작한다.

'하고 많은 돈 중에 17센트를 콕 짚어서 얘기할 정도면 이 사람은 분명히 필요한 이유가 있을 거야.' 여기까지 생각이 미치면 지갑을 열지 않을 수 없게 된다(참고로 산토스는 이 실험 논문에서 이런 '한 푼 줍쇼'가 아닌 '17센트만 주세요'처럼 상대가 전혀 예상하지 못한 말로 요청하는 것을 'novel request'라고 했다. 아마도 상대로 하여금 호기심과 상상력을 불러 일으키는 역할을 하기 때문에 이렇게 명명했는지도 모르겠다).

대한민국 연예인 중에서 지상렬은 뻔한 뜻의 말을 뻔하게 구사하지 않고 전혀 생각하지 못한 말을 구사하면서 호기심을 자아낸다. 여기서 끝나지 않고 그의 말을 듣는 사람의 마음을 부드럽고 유쾌하게까지 만든다. 한마디로 '피크 테크닉'을 자유자재로 사용하는 사람이다. 그가 TV나 라디오에 등장할 때마다 항상 그의 말에 집중한다.

'이 사람들이 입에서 쓸개즙이 나오네.'(말을 막하네)

'어디다 대고 지문을 묻혀?'(어딜 만져?)

'혀에 니스 좀 발랐구나.' '훈민정음 드리블 좀 하는데.' '너 혓바닥에 와이파이 좀 터진다.'(말 잘하네)

'너 언제부터 내 말에 리플 달았어?'(너 왜 말대꾸질이야)

꼭 기억하자. "저 할 말 있는데 시간 좀…"과 "저 할 말 있는데 30초만 들어주실래요?"는 뜻은 같지만 효과는 분명히 다르다.

CHAPTER 4

어떻게 하면

멋진 나를 보여줄 수 있을까?

01
돋보이는 스피치와
보디랭귀지

#스피치 #보디랭귀지 #오버액션 #리액션

TV홈쇼핑을 보면 간혹 지나치다 싶을 정도로 손동작이나 표정 등을 과하게 표현하는 쇼호스트의 모습을 볼 수 있다. 가만히 들어보면 별 내용도 아닌데도 불구하고 마치 천기누설이라도 하는 것처럼 오버하는 모습을 보인다. 나쁘게 얘기하면 오버이지만, 방송을 하는 입장에서는 나름 최선을 다하는 모습이라고 긍정적으로 해석할 수 있다. 직접 방송을 하는 쇼호스트들 역시 이런 방송 스타일에 대해 찬반 양론이 반반이다.

과한 오버액션을 최대한 자제하고 자연스럽게 방송을 하는 사람이 있고, 일단 동공을 크게 확장하고 눈썹을 찌푸리면서 손을 위아래로 과하게 움직이면서 방송하는 쇼호스트들도 있다. 앞서 언급한 대로 이런 스타일에 대해서는 선호의 차이가 있고, 좋고 나쁨이 갈릴 수 있다. 그런데 일단 과하게 액션을 하는 사람에게는 자연스럽게 시선이 간다는 것을 주목할 필요가 있다.

한 정치인의 행동과 수사에 대해 어느 기자가 평을 했다. '충성심' '열정'으로 대표되는 그 정치인은 발표나 연설 때마다 논리보다는 '감성'을 이끌어내는 워딩을 주로 사용했다. 이단아였던 정치인이 당내 다수의 지지를 받아내는 극적 성공의 배경에는 그의 독특한 화법이 있었다. 그는 튀면서도 대중적인 어법을 많이 쓴다. 대표적인 언사가 '서럽다'는 단어다. 서민들이 스스로 '흙수저'라고 비하하자 자신은 거기다 더해 '무수저'라고까지 표현했다.[*28]

보통 이성보다는 감성에 호소하고, 본인의 처지를 낮추어 표현하는 등의 수사를 사용하면 자연스럽게 연설 때의 행동은 커지게 된다. 실제로 인터넷에서 돌아다니는 이 정치인의 이미지를 보면 손동작과 몸동작, 표정 등이 상당히 과하다. 정치인이 맞나 싶을 정도로 표정도 다양하고 액션도 상당히 강한 편이다. 주로 쓰는 낱말이 '서럽다' '무수저' '열정' 등이니 액션이 과할 수밖에 없을 것이다.

'과한 액션' '높은 음성' '절규하는 듯한 격한 목소리' 그리고 그에 따른 격한 '리액션'을 생각하면 가장 먼저 떠오르는 이미지는? 개인적으로는 어릴 적 경험했던 어느 교회에서의 부흥회의 기억이 강렬한데 마침 이와 비슷한 장면이 소설에 있다.

* * *

옥성호의 소설 《서초교회 잔혹사》는 자본에 집착하고 상업화에 매진하는 교회를 비판한 풍자소설이다. 주 무대가 교회이다 보니 목사의 연설장면이 빠질 수 없는데 설교를 하는 목사의 이미지를 상상하면서 읽어보자.

"제가 잠깐 제 간증(이야기)을 하면요. 참, 신기해요. 하나님께서 어떻게 미리 다 내다보시고, 물론 우리 하나님은 모르시는 게 없지요. 제 부친을 통해 제 이름을 '대출'이라고 지었어요. 무슨 말인가 하면 어느 날 제가 기도하는데 하나님께서 이러시는 거에요.

'나를 위해 성전을 건축하라, 성전을 건축하여 내 아들 솔로몬이 그랬든 너도 나를 기념하고 내 이름을 높이라.'

저는 깜짝 놀랐어요. 그 음성을 들었을 때 제가 섬기는 일산의 '하늘동산교회' 교인이 채 천 명도 안 되었거든요. 물론 천 명이면 웬만한 규모의 성전은 지을 수 있습니다. 그렇지만 그 정도 시시한 건물, 고작 천 명이 들어가는 건물을 지으라고 하나님께서 제게 그런 음성을 주셨겠어요? 저는 하나님께 한참 떼를 썼습니다.

'아버지, 다른 교회, 저기 더 유명한 목사님, 더 큰 교회 목사님들에게 지으라고 하세요. 저는 못합니다. 아이고 하나님, 저는 아직 믿음이 부족해요. 하나님이 원하시는 크고 웅장한 성전은 저기 강남의 서초교회 김건축 목사님 같이 통 큰 목사님한테 시키세요. 제발 하나님, 김 목사님처럼 통 큰 목사님한테 시키세요. 하나님의 글로벌 미션을 하려면 큰 성전이 얼마나 중요합니까? 하나님, 저는 글로벌 미션을 하는 목사도 아니고 도저히 못하겠습니다.'

이렇게 막 떼를 쓰면서 때굴때굴 구르면서 기도했어요."

이곳 저곳에서 성도들이 까르르 웃는 소리가 들려왔다.

내용만 봐도 대충 짐작이 가듯이 이런 설교를 하면서 가만히 서서 같은 톤으로 목소리만 내기도 어렵다. 아마도 이런저런 몸짓과 액션을 섞어가면서 말을 이어갔을 것이다. 말하는 이의 액션이 강하니 주목도도 커지고 듣는 이의 리액션도 자연스럽게 강해진다. 계속 배대출 목사의 설교가 이어지면서 분위기는 더 고조되고, 배대출 목사의 액션과 목소리는 더 커지면서 소설 곳곳에서 성도들의 리액션을 설명하고 있다.

* * *

'이곳저곳에서 할렐루야가 터졌다.'

'다시금 아멘과 할렐루야가 쏟아졌다.'

'성도들은 크게 아멘을 외쳤다.'

앞서 모 언론에서 소개했던 어느 정치인의 수사나 연설 방식, 제스처와 참 비슷하게 느껴진다. 아무튼 여기저기서 할렐루야가 쏟아지고 아멘을 크게 외치는 분위기. 이런 분위기를 접한 사람이라면 이후에도 싫든 좋든 배대출이라는 사람을 두고두고 긍정적으로 기억할 가능성이 높다.

감성을 자극하는 스피치

+

역사적으로 선동의 귀재로 알려져 있는 히틀러는 대중연설의 시간을 주로 사람들이 피로를 많이 느끼는 해질녘에 주로 했다고 한다. 일단 피곤하면 사고력이나 판단력이 떨어진다. 몸 상태가 이럴 때 누군가 높은 연단에서 큰 목소리로 과한 팔 동작을 하면서 무언가를 외친다고 생각해 보라. 무슨 얘기를 하는지는 모르겠지만, 사실 피곤해서 생각하기도 싫지만 저 사람이 저렇게 열정적으로 말하는 것을 보니 무언가 중요한 얘기인 것 같기는 하고, 또 저렇게 자신 있는 목소리로 강하게 얘기하는 것을 보니 틀리진 않아 보인다. 그리고 사람들도 많이 모여 있어서 그냥 지나치면 무언가 중요한 걸 놓칠 수도 있다는 생각에 잠시라도 머물러 있게 된다. 또 여기저기서 '옳소!' 하는 함성이라도 들으면 곧 나도 모르게 저절로 사람들을 따라 하게 되고 결국 한뜻이 된다.

PT를 하든 어떤 발표를 하든, 인상 깊은 발표로 기억되고 싶다면 약간의 과장된 몸짓과 손짓이 필요하다. 이것만으로도 상대에게 나의 열정을 보여줄 수 있다. 열정을 갖고 발표를 하는 사람을 외면하긴 쉽지 않다. 그리고 상대에게 '참 열심히 준비했구나'라는 인상을 주게 된다. 그리고 결정적으로 발표하는 사람 스스로 제스처를 크게 하다 보면 자신감이 생기고, 자신의 주장에 스스로 설득이 되면서 더더욱 열정적이고 자신감이 넘치는 모습을 보여 줄 수 있다. 이때 상대로부터 긍정적인 리액션이 나오면? 그 순간부터 분위기는 더더욱 좋아지고 그 장소의 주인공은 내가 되는 것이다.

02
나쁜 소식을 전할 때는
직접 만나라

#텍스트의_힘 #의사소통 #감정 #좋은_소식은_문자로

〈완득이〉〈우리들의 행복한 시간〉〈두근두근 내 인생〉〈노서아 가비〉

이 영화들에는 두 가지 공통점이 있다. 첫째는 모두 소설 원작의 영화라는 것이고, 둘째는 극히 개인적인 의견이긴 하지만 소설보다 상대적으로 재미가 없다는 것이다. 물론 반대의 의견을 가지고 있는 사람도 분명히 있을 것이고, 또 영화를 만든 분들의 노력을 폄하하려는 의도는 절대로 아니다. 하지만 무엇보다 소설에서 느꼈던, 말로 표현 못하는 감동들을 영화에서 같이 누리기엔 뭔가 좀 아쉬운 점이 많았다는 생각이다.

어릴 적 《공포의 외인구단》(이현세)이라는 만화가 있었다. 그 당시 청소년들에겐 무조건 봐야 하는 필수 만화였는데, 마침 영화로 개봉되어 만화를 보지 않은 채 영화를 봤는데 아주 재미있었다. 그런데 만화를 먼저 보고 나중에 영화를 본 친구들의 반응은 싸늘한, 냉담 그 자체였다. 심지어는 원작을 훼손했다고 흥분까지 하는 친구도 있었다. 그렇게 흥분하는 이유를 나중에 만화 원작을 보고 나서 이해할 수 있었다.

* * *

장강명의 소설 《댓글부대》에서는 댓글을 이용해 여론을 호도하는 21세기형 첨단 직업을 가진 인물들이 등장한다. 이들이 주로 사용하는 방법은 댓글을 이용한 여론몰이인데, 텍스트에 감정을 싣고 이를 증폭시켜 순식간에 그들이 원하는 결과를 얻는다.

그는 소위 '어그로'를 끄는 방법을 자주 활용했다. 가장 많이 쓴 방법은 된장녀가 쓴 허위 게시물을 만드는 것이었다. 된장녀는 남녀 모두에게 눈길을 끌고, 선망의 대상이 되며, 동시에 응징을 하고 싶게 만드니까. 사람들은 응징을 한답시고 문제가 된 게시물을 다른 게시물로 퍼나른다.

예를 들어 새로 나온 스파클링 와인을 홍보해야 한다고 치자. 이럴 때 팀-알렙은 다리 모델이나 가슴 모델을 고용해서 이 음료가 한구석에 슬쩍 들어간 사진들을 여러 장 찍었다. 모델들이 호텔 수영장 선베드에서 비키니를 입고 일광욕을 하는 셀카를 찍도록 한다. ······ 이런 사진을 가짜 페이스북 계정에 올려놓고, 밑에는 '○○오빠 덕에 하얏트 갔던 날~ 맛있는 것도 많이 먹고 잼게 놀았따~ ♡♡♡ 초섹시 수영복 입고 갔더니 눈빛이 아주 ㅋㅋㅋ 투자한 보람이 있었쒀~~~'와 같은 글을 달아둔다. 그리고 이 포스트를 화면 캡처한 뒤 남자들이 주로 몰리는 사이트에 그 캡처 파일을 올린다. 제목은 '김치년 클라스 좀 보소' 정도가 적당하다.

가만히 놔둬도 불과 하루이틀이면 이 사진은 중소형 포털 20~30 군데에 퍼지고, 수십만 명이 신제품 스파클링 와인을 보게 된다. 신제품은 하얏트 호텔과 잘나가는 남녀의 호화로운 이미지를 공짜로 얻는다.

감정을 증폭시키는 텍스트의 힘

+

진위 여부와는 상관 없이 글만 읽는데도 머릿속에는 뭔가 특별한 장면이 떠오르고, 특정 감정이 솟구치진 않는가? 이게 바로 감정을 증폭시키는 텍스트의 힘이다.

이렇게 글은 우리의 상상력을 자극하고, 감정을 풍부하게 하는 특징이 있다. 직접 말로 듣는 것보다는 글로 보는 것이 감정의 폭을 더 깊게 확대시켜 준다. 소설을 읽으면서 재미있다 싶으면 나 자신도 모르게 소설에 빠져 들어간다. 그러면서 자연스럽게 등장인물을 스스로 그려보고, 표정도 상상하고, 순간순간 사건의 정황·배경 등을 상상의 나래를 펼쳐가며 읽는다. 똑같은 인물이 똑같은 스토리와 똑같은 결말을 낸다 할지라도 읽는 사람에게는 각각의 다른 세상에서 소설을 본다고 할 수 있다.

그런 소설을 하나의 영화로 표현한다는 것 자체가 무리가 아닐까? 내가 생각했던, 상상했던 인물과 동떨어진 이미지의 배우가 출연하는 것만으로도 흥미가 반감될 수 있기 때문이다. 이렇게 똑같은 내용이지만, 소설과 영화라는 표현방식의 차이에서 오는 엄청난 이질감뿐만 아니라 일상에서도 똑같은 내용이지만 글로 표현하는 의사전달과 직접 대화하는 방식의 괴리도 크다는 걸 인식할 필요가 있다.

그렇다면 왜 글과 말의 차이가 클까? 조금만 생각하면 이해하기 쉽다. 어떤 상대와 직접 마주 보며 대화를 하면, 언어 자체의 메시지와 함께 나와 상대의 비언어적 메시지가 함께 전달되기 때문에 상대의 의도를 비교적 정확하게 읽을 수 있고, 나 역시 상대에게 왜곡 없는 의사 표현이 가능하다.

"이따 점심 때 같이 밥 먹을래?"를 누군가와 직접 얼굴을 보면서 말을 할 때는 나의 표정이나 몸짓, 억양 등이 여과 없이 그대로 상대에게 전달되기 때문에 상대는 내 말의 의미를 쉽고 정확하게 파악할 수 있다. 그런데 "이따 점심 때 같이 밥 먹을래?"를 문자로 보내거나 누군가로부터 받게 되면 그냥 액면 그대로 받아들이기가 쉽지 않다. '왜 갑자기 나랑 밥을 먹자고 하지? 무슨 일이 있나?' '나한테 무슨 부탁을 하려고 그러나?' '나한테 서운한 게 있었나?' '뭔가 좋은 일이 있나 보다' '혹시 나한테 고백을?' 등 온갖 상상을 할 수 있다. 이처럼 누구나 글·텍스트만 보면 내 의도와는 달리 상대는 나름대로 상상을 한다. 또 각자의 감정을 싣는다. 그래서 글은, 그 글을 보는 이의 감정과 상상을 부풀린다. 나의 의도와는 달리 말이다.

결국 직접 말을 하는 것보다는 텍스트로 의사소통을 할 때, 감정의 진폭이 훨씬 커진다. 그래서 좋지 않은 내용을 문자나 메일·전화 등으로 전달하면 좋지 않은 감정은 더 증폭된다. 반대로 기분 좋은 내용을 문자·메일·전화 등으로 전달하면 좋은 감정 역시 증폭된다. 인터넷 댓글을 생각해 보자. 한 번 나쁜 내용의 댓글이 올라오면 비슷한 내용과 감정을 실은 댓글들이 들불처럼 삽시간에 달려온다. 물론 익명성이라는 특징도 있지만, 그것보다 악성 댓글에서 전달하는 감정을 주체하지 못하고 덩달아 동조하는 것이 아닐까 싶다.

언젠가 새해에 대표이사가 전체 사원에게 메일로 신년사를 보낸 적이 있었다. '작년 한 해 고생 많았고, 위기이긴 하지만 새해 좋은 기회도 많으니 더 열심히 일해 보자.' 뭐 이런 내용이었는데, 긴 신년사 중 딱 한 줄의 문장 때문에 전 사원들이 공포에 빠졌다.

'부진한 것은 과감하게 정리하고…'

바로 '정리'라는 낱말 때문에 사원들은 '드디어 대표이사가 인원 감축의 칼을 빼든 것인가?' '드디어 올 것이 왔구나!' '어느 부서가 0순위다' 등 별의별 소문이 돌았다. 하지만 실제로 인원 정리와 관련된 어떤 일도 일어나지 않았다. 이 사실을 당시 대표이사는 알고 있었는지 모르겠지만, (혹시 사원들의 분발을 촉구하기 위해서 진짜 텍스트의 감정유발·증폭효과를 알고 일부러 했을 수도 있다. 그렇다면 정말 무서운 일이다) 상식적으로 이익이 나지 않는 사업은 빨리 정리하는 게 옳은 일이다. 직원들 역시 그런 의도라고 생각하면 별일 아니다. 그러나 모든 임직원들이 메일로 전달 받았기 때문에 모두 각자 여러 상상을 하게 된 것이다. 이렇게 좋은 쪽이든 아니든, 한 번 방향이 정해지면 무서운 기세로 감정은 폭발한다. 인터넷의 악성 댓글처럼, 미담 사례처럼 말이다.

이제 간단하게 정리하자. 기분 좋은 소식을 전할 때는 메일·문자가 아주 효과적이다. 좋은 일이어서 더욱 긍정적인 이미지가 증폭된다. 하지만 반대로 사과나 불만 대응 등을 할 때는 직접 얼굴을 보면서 대화하는 것이 상대의 감정을 누그러트리는 데 훨씬 효과적이다.

03
씻으면
복이 온다

#씻어라 #맥베스효과 #멘탈관리 #근심

담배를 끊기 위해 이런저런 궁리와 온갖 시도를 하던 때가 있었다. 그러면서도 손에는 담배가 쥐어져 있었다. 한 대 피면서도 '이걸 끊어야 하는데, 끊어야 하는데…'만 반복하던 시절, 또 하나의 반복되는 버릇이 있었다. 나도 모르게 흡연 후에 화장실에 가서 손을 씻는 버릇이었다. 그러다 흡연했던 것이 영 못마땅했을 때는 양치질까지 했던 기억이 난다. 원래 금연을 위해서는 흡연 욕구가 생기면 양치질을 하는 게 금연에 도움이 된다고 하는데, 나는 금연에 도움이 되는 방법은 일부러 하지 않고 흡연 후의 찜찜함을 달래기 위해 손을 씻거나 양치질을 했다. 그러고 나면 나도 모르게 끊어야 하는 담배를 피웠다는 민망함과 죄책감이 좀 잦아들곤 했다. 이렇게 스스로 위안을 하면서 금연은 점점 멀어져만 갔다.

사실 손을 씻거나 양치질을 할 때는 몰랐는데 '씻는다'는 행위가 생각보다 큰 의미를 담고 있다는 걸 나중에 알게 됐다. 이것이 너무나도 유명한 '맥베스효과'다. 셰익스피어의 비극 〈맥베스〉에서 맥베스가 부인과 짜고 자신의 성(城)을 방문한 국왕 던컨을 살해하는 장면에서 맥베스 부인은 남편이 국왕을 살해하자 "사라져라. 저주받은 핏자국이여(Out, out, damn spot)"라고 말하며 미친 듯이 손을 씻었다. 그녀의 손에는 피가 묻지 않았지만 손을 씻으며 자신의 죄의식을 떨쳐버리려 한 것이다. 아무것도 묻지 않은 손을 씻으면서 죄의식이나 후회, 찜찜함을 해소하려 하는 것이 얼마나 어이없는 짓인가? 하지만 그런 행동이 부질 없는 것인 줄 알면서도 인간은 그런 것에서 위안을 삼는다. 이른바 사후 정당화나 합리화의 전형이라고 볼 수 있다.

담배를 피웠던 나도 손을 씻거나 양치질을 하면서 내 몸에 나쁜 짓을 한 것과 나의 의지를 꺾은 것에 대해 스스로 용서를 받았다. 만약 내가 아니고 다른 사람이 했다면 크게 비웃을 일이다. 그리고 그런 행동으로 위안이 될 수 있다니 인간은 얼마나 비합리적인가?

이런 비합리적인 행동은 종교에서도 흔하게 볼 수 있다. 침례는 세례와 비슷한 뜻으로 쓰이는데, 죄를 벗고 새로운 사람으로 거듭나기 위해서 몸을 씻는 의식을 한다. 물을 이용한 정화의식인 셈이다. 기독교뿐 아니라 이슬람에서도 예배를 드리기 전에 몸을 씻는 행동을 '우두'라고 한다. 그리고 인도에서는 수많은 힌두교도인들이 갠지스강에서 목욕을 한다. '세계에서 가장 더러운 강'이라는 오명도 있지만 하루 6만명 이상이 이곳에서 몸이 아닌 영혼을 씻고 있다.

* * *

권여선의 소설집 《안녕 주정뱅이》 중 '실내화 한 컬레'에서도 격하게 씻는 모습이 나온다. 12년 만에 만난 여고 동창 경안, 혜련, 선미는 술을 마시고 나이트 클럽에 갔다가 낯선 남자를 만나 네 명이 함께 혼자 사는 경안의 집까지 이동해 술을 마신다. 다음날 남자가 사라진 후, 선미는 경안과 혜련에게 충격적인 이야기를 한다.

"그 남자, 엄청 지독한 성병에 걸렸대." …… "그게 너무 지독한 균이라서 그 언니가 결국 자궁까지 다 들어내 버렸다는 거야" …… "자궁이 다 녹아내릴 정도로 무서운 성병이었대."

경안은 점점 신경이 곤두서는 걸 느꼈다. 그 남자가 마신 술잔, 젓가락, 앉았던 자리, 누웠던 자리, 덮었던 이불까지를 생각하자 경안은 참지 못하고 자리에서 벌떡 일어나 욕실로 달려들어갔다. 고무장갑을 끼고 락스를 풀어 변기를 닦았다. 바닥도 락스를 풀어 닦고 샤워기의 뜨거운 물로 벽까지 씻어내렸다. 그 남자가 썼을지도 모르는 수건은 쓰레기통에 버렸다. …… 머리가 지끈지끈 아팠고 세상이 지겨워졌다. 경안은 문득 이물감을 느끼고 귀에 걸려 있던 커다란 링 귀고리를 뺐다.

아마 모르긴 해도 경안은 귀고리를 빼고서 또 다시 깨끗하게 청소한 화장실에서 피부가 벗겨져라 강력한 샤워를 했을 것이다. 그것도 매일 같이. 이렇게 해야만 지끈지끈 아픈 머리도 가라앉고 지긋지긋한 세상도 좀 용서가 될 것이다. 그렇게라도 하지 않으면 집안 구석구석 남자가 흘렸을 지도 모를 병균 생각 때문에 잠시도 가만히 있지 못했을 것이기 때문이다.

스스로를 구원하고 싶으면 씻어라

✛

그렇다면 실제로 손을 씻거나 무언가를 씻거나 닦으면 마음이 편해질까? 누구에게나 기억하기 싫은, 생각하면 어디 쥐구멍에라도 숨고 싶은 불편한 경험들이 있다. 예를 들어 커닝을 했던 기억이나 남 몰래 했던 못된 행동들…. 자, 그렇다면 그런 찜찜한 경험 때문에 불편해 하고 있는데, 눈앞에 볼펜과 소독용 거즈가 있다. 이 중에서 하나를 선택해야 한다. 어떤 물건에 손이 갈까?

당연히 볼펜보다는 소독용 거즈에 눈이나 손이 더 많이 갈 것이다. 닦고 싶은 마음이 강하기 때문이다. 이건 실제 실험에서 밝혀진 내용이다. 실험에서는 70% 가까이 거즈를 선택했다고 한다.

그리고 또 있다. 2006년 캐나다 토론토대와 미국 노스웨스턴대 연구진은 과학잡지 〈사이언스〉에 맥베스효과를 보여주는 여러 가지 실험 결과를 발표했다. 먼저 참가자들에게 자신이 과거에 했던 좋은 일과 나쁜 일을 기억하도록 한 후 중간에 철자가 빠진 'W--H' 'SH--ER' 'S--P'란 세 단어를 완성하게 했다. 그러자 비도덕적인 행동을 떠올린 사람들은 'WASH' 'SHOWER' 'SOAP'처럼 몸을 씻는 것과 관련된 단어를 적은 경우가 다른 답들보다 60%나 많았다. 윤리적인 행동을 기억한 사람에게서는 이런 차이가 나타나지 않았다고 한다.[29]

후회나 죄의식 등 불편한 감정을 해소하기 위해 씻는 행동은 거의 대부분 자신도 모르는 상황에서 이루어진다. 즉, 무의식에서 비롯된 행동이다. 그렇기 때문에 행동 자체가 그대로 여과 없이 타인에게 노출된다. 아이가 갑자기 손을 깨끗하게 씻으려고 한다거나 화장실에서 나올 때 손도 씻지 않았던 남자가 열심히 손을 씻는다면? 일단 관심을 가지고 지켜볼 일이다. 본인은 아니라고 잡아떼겠지만 분명히 숨기고 있는 무언가가 있기 때문이다.

어쨌든 냉정하게 볼 때는 어이 없는 비과학적인 행동이지만 손 씻기나 샤워, 격한 청소로 불편한 마음이 가라앉을 수 있다면 그것도 나쁜 방법은 아닌 듯하다. 실제로 P&G의 메인 광고 카피로 "Wash Your Troubles Away"(당신의 근심을 씻어버리세요)가 있을 정도니 이미 나도 모르게 습관적으로 하고 있다는 의미 아닐까?

소설 《모순》[*30]에서 양귀자는 '인생은 짧다. 그러나 삶 속의 온갖 괴로움이 인생을 길게 만든다'라고 말했다. 인생이 괴로움 투성이니 이렇게라도 위로 받을 수 있다면 오히려 다행이지 싶다. 멘탈을 긍정적으로 만들어 갈 수 있는 긍정적인 방법을 터득한 셈이다.

04
몸이 풀리면
머리도 풀린다

#러닝 #몸 #머리 #운동

언젠가 유명 소설가의 강의를 들은 적이 있었다. 워낙 좋아하는 소설가라 시간 가는 줄 모르고 집중해서 그의 강의를 듣고 있는데 누군가 돌발 질문을 했다.

"글이 잘 안 써질 땐 어떻게 하세요?"

그 질문을 들은 소설가는 조금도 머뭇거리지 않고 이렇게 말했다.

"음… 저는 뛰어요."

뭔가 거창한 답변이 나올 거라는 예상과 달리 그냥 뛴다고 했다. 그리고 본인뿐만 아니라 어지간한 소설가의 집에는 트레드밀, 즉 러닝머신이 있다는 말도 덧붙였다.

문장 하나 낱말 하나에도 혼을 실어서 스토리를 만드는 소설가들에게 글이 안 써진다는 건, 경험하진 못했지만 엄청난 스트레스일 수밖에 없을 것이다. 그 스트레스를 뛰는 걸로 이겨낸다니? 그럼 어지간히 뛰고 나면 꽉 막혔던 글이 다시 술술 풀린다는 얘기일까? 그 소설가가 '뛴다'는 답변을 했을 때 강의장에서는 순간 폭소가 터졌지만 그 소설가는 아무렇지도 않다는 듯 대답을 이어갔다. 단순히 뛰기만을 하라는 것이 아니라 몸을 활발하게 움직이고 나면 자신도 모르게 글의 실마리가 풀린다는 얘기였다.

그 말을 듣고 보니 위대한 사상가나 철학가들이 다른 습관은 몰라도 산책을 즐겨했다는 얘기는 많이 들어본 것 같기도 하다. 성인이라면 운동 부족 때문에 여기저기 몸에 군살이 붙는 건 물론이고, 이런저런 몸 고장으로 고생하는 건 누구나 다 아는 사실인데 '운동을 하지 않으면 뇌에도 지방이 붙는다' 그래서 '생각이 둔해지고 탄력을 잃는다'는 사실은 웃어 넘길 만한 얘기는 아닌 듯하다.

글쓰기에 타고난 자질을 가지고 있고, 남다른 시각으로 사람들의 일상을 재미있게 또는 뛰어난 상상력으로 풀어가는 작가라 할지라도 한계에 부딪히게 마련이다. 그 벽을 이렇게 원시적인 방법으로 타파한다니 좀 의아하긴 했지만, 기분이 우울하거나 침울한 상태에서 좋은 생각이 나올 수 없다. 기분이 다운됐는데 남들이 생각해 내지 못한 기발한 아이디어가 나올 수는 없지 않은가? 그리고 마음이 잔뜩 흐림인데 몸 상태가 맑음일 수 없다. 결론적으로 말하자면 마음이 몸을 이끌어 내는 것이 아니라, 몸이 먼저 살아야 마음도 살고 머리도 한층 더 밝아진다는, 그래서 더 머리가 팽팽 잘 돌아간다는 얘기다.

* * *

백영옥의 소설 《애인의 애인에게》에서는 사랑하는 사람과 이별을 앞두고 고통스러워 하는 마리라는 여자가 있다. 미국 영주권자인 그녀가 유학생 성주를 위해 결혼까지 강행하면서 성주의 영주권을 획득했다. 그러나 행복했던 시간도 잠시, 성주는 그새 변해 있었다. 마리는 남편인 성주가 다른 여자와 사랑에 빠졌다는 것을 여성 특유의 직감으로 알아채지만, 그녀는 모든 것을 모른 척하고 성주의 행동만을 주시하고 있다. 점점 둘 간의 대화는 없어지고, 그렇게 두 사람의 이별은 점점 더 강하게 굳어져 간다. 하지만 그런 성주를 증오하는 만큼 사랑하는 마리는 혼자만의 상상과 침묵 속에서 고통스러워 하다가 결국 병원에서 항우울제 처방을 받고 약을 먹는다.

그에게는 사랑하는 여자가 있었다. 그녀를 위해서라도 그는 이곳에 머물러야만 했다. 지금 사랑하는 여자를 위해 지금은 사랑하지 않는 여자와 살아야 하는 것, 그게 그의 현재이며 미래였다.

마리의 고통이 어땠을까? 점점 누더기가 돼 가는 몸을 이끌고 그녀가 간 곳은 앞서 말한 대로 병원이었다. 그리고 약을 받고 처음으로 처방 받은 약을 삼킨다. 그리고 그 다음 그녀의 행동은? 개인적으로는 잠을 자거나 아니면 술을 마시거나 또는 성주에게 그동안 참았던 화를 폭발하는 것으로 스토리를 예상했지만, 마리는 전혀 예상하지 못했던 행동을 했다.

그날, 처음으로 병원에서 처방 받은 약을 삼켰다. 마루를 쓸고 휴지통 네 개를 깨끗이 비웠다. 마루를 다시 쓸고 행주로 닦고 네 개의 휴지통을 씻었다. 커튼을 빨았다. 그릇들을 정리했다. 세탁해 말린 커튼을 다시 빨았고, 그릇을 다시 정리했다. 욕실 바닥과 변기의 뒷부분까지 락스를 뿌려 닦았다.

한마디로 집안 대청소를 했다. 커튼까지 다시 빨았다. 그릇은 두 번 정리했다. 멀쩡한 상태에서 하루 종일 해도 모자랄 일을 우울증 약을 삼킨 상태에서 이 엄청난 일을 한 것이다. 마리는 뭔가 창의적인 아이디어를 뽑아내기 위해 대청소를 한 것은 물론 아니다. 그런데 중요한 것은 극심한 우울상태를 벗어나기 위한 본능적인 방법으로 대청소를 했다는 것을 주목할 만하다. 약을 처방 받아서 바닥까지 떨어진 세로토닌 수치를 올리는 방법도 사용하긴 했지만, 궁극적으로 우울에 지친 마음을 바꾸고 뇌의 상태를 바꾸는 방법으로 마리는 몸을 쓰는 것을 선택했다.

답답하고 갇혀 있는 듯한 일상을 타파하는 방법

✚

언젠가 승마운동기를 방송한 적이 있었다. 지난 방송을 모니터하면서 승마운동기를 선택한 사람들의 나이를 보니 압도적으로 50대 이상이 많았다. 결국 그들의 마음을 움직여야 어느 정도 매출을 올릴 것 같은데, 코어 근육이 어떻고 허리 운동이 어떻고 원리를 얘기해 봐야 큰 효과는 없을 것 같았다. 그래서 아예 승마운동기하고는 상관없는 얘기부터 시작했다.

"요새 자주 깜빡깜빡 하거나 쉽게 피로해 지고 힘이 약해지진 않으세요? 또 괜히 불안하거나 초조해서 저녁에 잠을 잘 못 이루진 않으세요? 화장실에서 시원하게 볼일도 잘 못 보신다고요? 사소한 일에도 예민해지고 잔소리가 많아지진 않으세요? 이게 다 몸을 움직이지 않아서 생기는 현상입니다. 나이가 들어서 그러는 게 아니에요. 나이를 먹어도 몸을 부지런히 움직이면 얼마든지 젊을 때 몸으로 되돌릴 수 있습니다!"

그렇게 운을 띄운 다음 '정신이 늙는 건 몸이 늙어서 그런 것이다' '나이 먹어서 머리가 안 돌아가네, 깜빡깜빡 하네, 이런 말씀 마시라. 몸이 젊어지면 마음도 젊어지고 머리도 같이 활발해 질 수 있다'를 강조하면서 제품 설명을 했더니 확실히 주문이 많았다. 어찌 보면 예전 같지 않은 본인의 상태를 확인하면서 스스로 놀라거나 불안해 하는 사람들이 생각보다 많은 것 아닐까? 특히나 이런 몸의 변화는 다른 사람들에게 터놓고 말하기도 어려운 것이다. 물론 승마운동 효과의 특징을 빗대어서 '허리를 바로 세워야 건강이 바로 섭니다' '승마운동기로 허리를 똑바로! 곧추세우세요!' 등의 우스갯소리로 이목을 끌긴 했지만 의외로 많은 사람들이 자신의 몸에 대해, 그리고 자신의 브레인에 대해 확신을 갖지 못한다는 것을 알 수 있었다.

어디에서 본 통계인지 정확히 기억은 나지 않지만 우리나라 남자 40대 3명 중 한 명이 만성피로, 불면증, 집중력 저하, 근력감소 등 갱년기 증상을 겪는다고 한다. 다시 말해 빠르게 늙어간다는 얘기다. 이게 어디 40대 남자에게만 국한된 얘기일까?

'내가 왜 이렇게 멍청해 졌지? 예전엔 이러지 않았는데. 아무리 생각해도 머리가 돌지 않으니 답답해…'

불안해 하지만 말고 부지런히 몸을 움직이는 습관을 만들자. 이 정글 같은 사회에서 살아남을 아주 근본적이고 기초적인, 그러면서 효과적인 방법은 일단 막혔다 싶으면 몸을 움직이는 것이다. 땀을 내면 더더욱 좋다. 행복을 느끼는 데 기여하는 호르몬 세로토닌 수치가 올라가면서 보이지 않던 답이 순식간에 나올 수 있고, 거친 세상을 헤쳐나갈 아이디어가 샘솟거나 용기가 용솟음칠 수 있다. 분명한 건, 몸이 굳으면 머리도 같이 굳는다.

05
평범한 날에도
특별하게 차려입자

#옷차림 #특별함 #후광효과 #긍정적

 내가 TV홈쇼핑에서 주로 진행하는 상품 중에 '생식'이 있다. 워낙 건강에 대한 관심이 높고, 약이나 인공적인 건강기능식품보다는 자연 그대로를 먹고 싶어 하는 사람들의 욕구가 더해지면서 매출이 상당히 좋은 상품이다. 이 생식의 레시피를 직접 개발한 의학박사의 명언이 있다.

 '사람은 그 사람이 먹은 그대로의 사람이 된다.'

 대한민국 성인 기준으로 1주일 동안 마시는 커피가 잔으로 12잔이 넘는다. 쉽게 말해 밥보다 커피를 더 마신다는 얘기다. 여기에 육류 섭취량은 전 세계에서 유래가 없을 정도로 가장 빠른 속도로 증가하고 있다. 그리고 우리는 아주 짜게 먹고 탄수화물을 좋아한다. 이런 상태에서 몸이 항상 푸

르른 봄날처럼 산뜻하길 바라는 것 자체가 도둑 심보다.

먹는 게 이러니 당연히 컨디션은 항상 바닥이다. 몸에 병이 있는 것은 아닌데 입원해 있는 환자보다도 안색이 더 안 좋다. 이런 상태는 다른 사람보다 내가 더 잘 알고 있고, 잘못된 걸 알면서도 이미 습관이 되어버린 식습관을 고치기가 쉽지 않다. 그래서 생식을 먹으면 몸에 쌓여 있는 노폐물이 좀 씻겨가지 않을까 하는 희망이 뇌리를 스칠 때 들리는 서울대 출신 예방의학 박사의 카랑카랑한 한마디!

"사람은 그 사람이 먹은 그대로의 사람이 됩니다."

실제로 방송을 할 때마다 매번 박사의 인터뷰 화면이 나올 때부터 주문 콜이 상승하기 시작한다. 백 번 지당한 말이다. 몸에 좋은 것을 먹으면 몸이 좋아지고, 입이 좋아하는 것을 먹으면 몸이 망가진다. 아주 평범한 진리인데도 세상에는 비범한 사람 투성이어서일까? 좀처럼 이 평범한 진리를 실천하는 사람을 찾기 힘들다. 여기에서는 물론 몸에 좋은 음식을 소개하려고 하는 것이 아니다. 사람이 먹은 그대로의 사람이 되는 것이 진리라면 또 하나의 평범한 진리가 있다.

'사람은 입은 그대로의 사람이 된다.'

물론 이런저런 이유로 이 중요한 진리를 제대로 실천하는 사람은 많지 않은 듯하다.

* * *

장강명의 소설《우리의 소원은 전쟁》은 통일 이후의 혼란 상황을 그린 이야기이다. 북한 김 씨 정권의 몰락으로 갑작스럽게 통일을 하게 된 대한민국. 다른 여러 문제들보다 우선 북한 지역의 치안과 군사적 보호가 절실하다. 게임 기획자로 일하던 강민준은 느닷없이 재입영 통지를 받고 한 달간의 군사 교육을 받은 후 북한 개성공단으로 발령을 받는다. 남자에게 있어두 번 입대한다는 사실은 두 번 죽는 것만큼이나 고통스러운 일인데 그 일이 현실로 벌어지고 말았다. 더구나 남한의 입영 대상자들 사이에는 북한근무에 대한 괴문서도 돌고 있다.

현역 입대를 해야 하는 남한 젊은이들 사이에서는 '꿀임지' '헬임지'를 분류한인터넷 문서가 돌았다. 문서는 서론에서 '무조건 남한에 배치되는 게 좋다. 있는 빽 없는 빽 다 써라. 남한 방공포병이 평화유지군 휘하 부대의 비전투병과보다 낫다.'고 주장했다.

이런 와중에 공단이 밀집돼 있는 개성의 헌병대로 발령을 받은 강민준은마음이 편할 리가 없다. 아예 산중이라면 북한의 극심한 추위만 견디면 되는데 일거리가 많은 공단지역은 가장 위험한 우범지대다. 이런 와중에 장풍군에 대한 인터넷 괴문서까지 돌고 있다.

개성 옆에 있는 작은 마을인데, 개막장 중의 개막장이다. 지난해 남북한을 통틀어서 시군구 단위로는 살인사건이 가장 많이 발생했다. 멕시코나 엘살바도르의 시골 우범지대를 생각하면 된다. 장풍군에 배치되면 생명보험 꼭 들길.어차피 뒈질 인생이라면 가족들에게 좋은 일이라도 하자.

강민준은 어쩔 수 없이 어마어마한 소용돌이의 한가운데로 들어가게 된다.다행히도 강민준은 아슬아슬하게 죽을 고비를 넘기면서도 평화유지군과함께 장풍군의 마약범죄조직을 소탕하는 데 결정적인 역할을 한다. 치열한소탕작전 후 가벼운 부상을 입고 입원해 있는 강민준은 평화유지군 소속미녀 대위 롱과 대화를 하는데 여기서 옷차림에 대한 결정적인 얘기가 시작된다.

"그런데, 나 뭐 하나 물어봐도 돼요?"

"뭐든지 물어보십시오, 대위님."민준이 말했다.

"수류탄을 몸으로 덮을 생각은 어떻게 한 거예요?" 롱의 질문에 강민준은 한숨을 내쉬었다. 기대했던 내용이 아니었다.

"수류탄이 정말 제 바로 앞에 떨어졌거든요. 어차피 터지면 죽을 처지였습니다. 도망 갈 곳도 없었고요. 이렇게 죽으나 저렇게 죽으나 마찬가지잖아요? 기왕이면 다른 장병들을 살리는 길을 택해야겠다고 생각했죠."

"정말요? 그 짧은 시간에 그걸 다 생각한 거예요?" 롱이 물었다.

"아니요." 강민준이 말했다. 롱이 웃음을 터뜨렸다. "그럼 뭐예요?"

"그냥 창피했거든요. 저는 장교이고, 주변에 있는 다른 사람들은 젊은 사병들이었어요. 장교 옷을 입고 이럴 때 도망쳐서는 안 된다고 생각했어요."(중략)

그는 이전까지 군복이나 계급장에 대해 길바닥에 떨어진 낙엽만큼도 의미를 부여한 적이 없었다. 군인으로서의 책임감을 자각해 본 일도 없었다. 그런데도 결정적인 상황이 되자 그에 따라 행동했다. 타고난 개인주의자로서, 민준은 군인정신, 충성심 같은 단어나 '군인은 군인답게, 학생은 학생답게' 따위의 구호에는 여전히 거부감을 느꼈다. 그러나 그런 강요된 의무감 없이 다시 수류탄 앞에 섰을 때 자신이 막연한 인류애와 냉철한 이성만으로 용기를 끌어낼 수 있을지는 솔직히 자신이 없었다.

강민준은 자신도 모르게 본래 자신의 모습과는 전혀 다른 사람이 됐다는 뜻이 된다. 더위를 막고 추위를 견디게 하고 피부를 보호하는 기능을 하는 옷이 본래의 역할을 넘어서 사람의 본질까지 바뀌게 하는 역할을 했다니.

옷이 인간에게 미치는 영향

+

부분적인 평가가 전체 평가에 과도하게 영향을 미치는 심리효과로 '후광효과'라는 것이 있다. 깔끔하고 스마트한 옷차림은 분명 나를 보는 사람에게 긍정적인 후광효과를 일으킬 수 있다. 그런데 그보다 먼저, 내가 선택한 옷차림 덕에 나 자신이 나도 모르게 긍정적으로 바뀔 수 있다는 사실을 간과해서는 안 된다. 점잖고 멀쩡하던 사람도 예비군 군복만 입으면 자세가 바로 달라지는 걸 가볍게 여겨서는 안 된다.

내가 바라는 나의 모습으로 바뀌기 위해서 옷차림의 덕을 볼 것인가? 아니면 옷차림 탓을 할 것인가? 특별한 날에 특별한 옷을 차려 입을 것이 아니라 평범한 날에도 특별한 의상을 선택한다면 조금씩 나 자신이 특별하게 바뀌지 않을까?

지금부터라도 열 일 제쳐두고 의상 선택만큼은 신중하게 고려한 후 결정할 일이다.

06
턱을 들고 목소리를
10%만 높여라

#목소리 #자신감 #마음의_근력 #자세

개가 큰소리로 짖는 가장 큰 이유는 불안감과 두려움 때문이라고 한다. 자신이 있는 영역에 낯선 존재가 다가오거나 할 때 이를 주인에게 알리거나 더 이상 다가오지 못하게 하려는 목적으로 크게 짖을 때가 많다는 것이다. 그리고 이런 현상은 소심하거나 두려움이 많은 개일수록 더 크게, 격렬하게 짖는다고 한다. 가만히 생각해 보니 덩치가 큰 개일수록 크게 짖거나 하는 행동은 자주 보진 못한 듯하다. 작은 개일수록 쉬지 않고 크게 짖는다. 강아지가 크게 짖는 것을 보면서 문득 생각난 것이 있다. 그렇다면 사람은 심리상태가 어떨 때 목소리가 커질까?

* * *

최민석의 소설 《능력자》에는 유별나게 목소리가 큰 남자가 등장한다. 3류 소설가인 남루한에게 자서전을 부탁하려는 전 복싱 세계챔피언 출신 공평수. 안타깝게도 공평수는 선수 때 맞은 펀치의 후유증인지 굴곡이 많았던 인생 때문인지 정신상태가 약간은 정상적이지 않다. 급기야 자신이 매미로부터 신비의 에너지를 전수 받아 초능력을 지니게 되었고 이를 세상에 알리겠다는 허황된 포부까지 가지고 있다. 다음은 남루한과 공평수가 처음 만나는 장면이다.

그때였다. 그의 목소리가 내 고막을 찌른 것이….

그는 기세 좋고, 당당하고, 자신 있고, 호탕한 목소리로 30평 남짓한 식당 안을 가득 채우고 있었다. 아마 식당이 100평, 1000평, 아니 1만평이라 해도 그 목소리로 가득 차고 남을 정도였다. 만약 그 목소리가 시청 앞 광장에서 울려 퍼졌다면, 플라자호텔의 벽에 걸린 행사 안내 대자보가 들썩거릴 정도였으며, 광화문광장 앞에서 울려 퍼졌다면, 이순신 장군이 깜짝 놀라 칼을 8차선 도로에 떨어뜨리거나, 세종대왕 역시 한 손에 들고 있던 책을 떨어뜨리거나 뒤로 나자빠질 정도였다.

"반갑다. 조카야."

그는 또 이순신 장군이 칼을 놓치고, 세종대왕이 책을 떨어뜨리다 못해, 미국 조지아주의 스톤마운틴에 새겨진 남부군 장군 세 명이 동시에 식겁하여 말에서 떨어질 정도로 크게 말했다.

"내, 니 말 마이 들었다 아이가~ 꺼우동!"

"네?"

귀청이 떨어질 듯한 큰 목소리만으로도 온 정이 떨어지는데 어색한 말장난까지 하고 있다. 그런데 여기서 눈여겨볼 중요한 포인트는 공평수의 큰 목소리이다. 물론 제정신이 아닌 상태에서 목소리도 정상일 수가 없다. 아주 크거나 아주 작거나 둘 중 하나일 텐데, 그래도 공평수를 보고 하나 인정할 것은 그의 자신감이 하늘을 찌를 정도로 넘쳐나고 있다는 사실이다. '반쯤 미친 사람이 당연히 허황된 자신감으로 목소리가 넘치도록 큰 것 아냐?'라고 반문하는 독자도 있겠지만, 정신이 정상인 사람도 평상시에 큰 목소리로 자신 있게 말하는 사람이 많지 않다.

목소리 크기에 멘탈이 좌우된다

+

개인적인 이야기지만 쇼호스트들이 많이 모여 있는 사무실이나 분장실에 가서 동료들의 대화를 듣다 보면 누가 요새 가장 잘 나가는지 아주 쉽게, 단박에 알 수 있다. 능력이 넘치는 쇼호스트들의 공통적인 특징이 있는데 바로 남들보다 큰 목소리로 말한다는 점이다. 심지어는 어디에 있는지 얼굴은 보이지 않는데 그 사람의 목소리부터 들리는 경우도 있다.

원래 방송을 하는 사람들은 보통의 다른 사람들보다는 발성훈련이 잘되어 있는 편이어서 목소리가 큰 편이다. 그런 상태에서 조금만 더 큰 목소리로 말을 하면 어지간한 사람이 소리지르는 것 못지 않다. 이런 동료는 목소리만 큰 게 아니라 동시에 생기가 넘치는 인상에, 힘이 넘치는 눈에서는 밝은 빛이 나온다. 이런 사람의 심신상태는 한마디로 '나는 지금 자신감이, 에너지가, 활력이 넘쳐 있는 상태고 어떤 어려움이 닥친다 해도 거뜬하게 이겨낼 수 있는 최상의 컨디션이야!'라는 것을 알려주는 지표라고 보면 된다. 실제로 이런 큰 목소리를 듣는 사람도 비슷한 느낌을 받는다고 한다.

나히토 요시히토의 《쎄 보이는 기술》에는 비슷한 내용의 실험을 소개하고 있다.[*31] 등장인물이 큰 목소리로 이야기하는 비디오와 작은 목소리로 이야기하는 비디오를 만들어 258명의 대학생들에게 보여주고 각각의 사람에 대한 평가를 내리게 했다. 그 결과 큰 목소리로 이야기하는 인물에 대해서는 '신뢰가 간다' '교양이 있다' '정직하다' '지적이다'는 평가를 내렸다고 한다. 반대로 생각하면 아주 쉽다. 어떤 말을 해도 목소리가 작다. 목소리가 작으면 잘 들리지 않는다. 발음마저도 웅얼웅얼 하게 돼 더더욱 잘 안 들린다. 이런 사람에게서 좋은 느낌을 받기는 쉽지 않다. 신중하고 조심성이 많은 사람일 수 있겠다는 생각은 들어도 긍정적이고 높은 이미지 점수를 주기는 쉽지 않다는 것이다.

목소리가 좋다는 말은 단순하게 음색의 문제만은 아니다. 무슨 말을 하는지 일단 잘 들려야 목소리가 좋다는 말을 들을 수 있지 않을까? 일단 상대가 잘 알아들으려면 먼저 내가 크고 또렷하게 말해야 한다. 혹시 지금 무기력증에 빠져 있거나, 매사에 자신감이 없고 사람을 만나는 것이 두렵거나, 원인을 알 수 없는 슬럼프에 빠져 있다면 마음의 근력을 키우는 것이 급선무다.

마음의 근력을 키우는 방법은 몸의 근력과 비례하긴 하지만 우선 지금의 목소리보다 조금만 더, 한 10% 정도만 더 크거나 높은 목소리로 말하는 습관을 들이자. 이것 역시 상당한 용기와 노력이 필요한 일이다. 일단 용기를 내서 큰 목소리를 낼 수 있다면, 또 이것이 계속 반복된다면 마음의 근력은 몰라보게 단단해진다. 그리고 자연스럽게 메말랐던 자신감 또한 폭발적으로 넘쳐날 수 있다.

마음의 근력을 올리는 보디랭귀지를 소개하겠다. 이종격투기 같은 험한 경기에서 코치나 스태프들이 선수들에게 항상 요구하는 것이 있는데, 말도 안 되게 혹은 처참하게 KO패 했다 할지라도 절대로 고개를 떨구지 말고 꼿꼿하게 세우라는 것이다. 고개를 꼿꼿하게 세우는 의미는 '나는 경기에는 졌지만 기세는 꺾이지 않았다'는 것을 강조하는 것이다. 이렇게 당당한 패자의 모습을 어필해야 그 기세를 인정 받아 다음 매치를 기대할 수 있는 것이다.

기운이 없거나 허약한 사람의 고개는 항상 아래로 향해 있다. 실제로 이런 자세는 '나는 나약한 인간입니다'라고 써붙이고 다니는 꼴이다. 그리고 십중팔구 멘탈도 약한 경우가 대부분이다. 이런 자세가 거듭되고 고정될수록 수렁에 더 깊게 빠져서 허우적거리면서 피해를 보는 건 본인이다.

내가 생각하는 것과는 다르게 세상이 움직인다고 느끼면서 무언가 두렵고 무기력증에 빠지면서 소심해 질수록 턱을 드는 습관을 들여야 한다. 턱을 들어야 어깨가 펴지고 상체가 꼿꼿해 진다. 턱을 들고 상대를, 혹은 다른 사물을 응시할 때 정신적으로 단단한 사람이라는 평가를 받을 수 있다. 그리고 자연스럽게 마음 또한 단단해질 수 있다.

07
가뿐한 발걸음으로
기분을 UP하라

~~~~~~~~~~~~~~~~~~~~~~~~~~~~~~~

#발걸음 #경쾌 #의욕 #기분

골프 방송을 하다 보면 골프 경험이 많은 해설가로부터 골프 관련 이야기면서 인생에도 도움이 될 만한 재미있는 얘기들을 접하게 된다. 골프는 특히 1대1 대결, 맞대결 형식의 매치 플레이에서는 실력보다도 심리, 즉 멘탈이 결정적으로 승부에 많은 영향을 미치기도 한다. 또 눈에 보이지 않는 행동 하나하나가 승패를 좌우하기도 한다.

어느 날인가 동남아에서 대회에 참가한 선수들의 16강 예선경기를 중계하고 있는데, 옆에 있던 해설가가 다소 엉뚱한 소리를 했다.

"에이… 쟤는 이번 대결에서는 안 되겠네… 틀렸어."

"누구요? 덩치가 작은 친구요?"

"아니, 큰 애."

"무슨 말씀이세요. 지금 저 선수는 비거리도 많이 나고 경력도 좀 더 나은데."

"두고 봐. 쟤 곧 실수하게 된다. 그리고 결국에는 질 거야."

이 해설가는 수십 년 동안 다져진 골프 내공이 있어서 그런지 선수의 스윙 동작 한 번만 보고도 해당 경기의 승패나 심지어 우승 선수도 잘 맞히곤 해서 '역시 전문가는 다르구나' 생각하고 있었는데 당시의 예상은 너무나 터무니 없었다. 밑도 끝도 없이 무조건 질 거라니. 그때 당시 승부는 라운드 초반이어서 박빙의 대결을 펼치고 있었다.

"도대체 뭘 보고 그렇게 말씀하시는 거에요? 저야 뭐 아마추어니까 선수 보는 눈은 한참 멀었지만 그래도 저 선수는 나무랄 데 없어 보이는데…?"

"쟨 걸음걸이가 너무 쳐졌어. 저 봐 힘 없이 터벅터벅 걷잖아."

"아 진짜. 해설위원님 엉뚱하시네. 아니 골프 선수가 샷(Shot)만 잘하면 됐지. 걸음거리랑 무슨 관련이 있어요? 그럼 뭐 힘차고 당당하게만 걸으면 무조건 다 이기겠네?"

"실력이 엇비슷할 때는 그때부터 멘탈 싸움이야. 덩치 큰 친구는 저 걸음걸이로 스스로 플레이를 망치고 있어."

"에이… 내기할까요? 얼마짜리? 해설위원님. 이건 좀 억지에요!"

* * *

최민석의 소설 《능력자》에서도 아주 흡사한 얘기가 나온다. 3류 소설가 남루한이 돈을 벌기 위해 전 세계챔피언의 이력이 있지만 선수시절에 맞은 뇌의 충격으로 자신이 초능력자라고 믿는 공평수의 자서전을 쓰기로 한다.

그리고 공평수가 재기를 위해 어느 외딴 섬으로 가는 전지훈련에 따라가게 된다. 단순히 돈에 눈이 멀어 정신이상자의 자서전을 쓰는 것도 자괴감이 드는데, 아무것도 없는 외딴 섬으로 간다니 도살장에 끌려가는 소의 심정처럼 착잡하다.

물론 섬에서의 아침, 나는 눈을 뜨자마자 땅을 치고 하늘에 읍소라도 하고 싶은 심정이었다. 그러므로 공평수와 헤드가 첫날 훈련을 한다 했을 때, 정말이지 마지못해 따라 나섰다. 마음이 무거운 자는 몸까지 무거운 법인지라, 내 발은 천근만근이었다. 앞으로 이 힘든 훈련을 어떻게 버틸 수 있을까, 어떤 핑계를 대서 빠져 나갈까, 아무래도 적어도 일주일 정도는 해야겠지, 그러다가 '손가락이 생명인 작가에게, 오른쪽 손가락 뼈마디와 왼쪽 발가락 뼈가 연결되어 있으니 무리해서 뛸 수는 없다' 따위의 변명이라도 해야겠지.

마음이 무거운 자는 몸까지 무거운 법이다

+

이 말이 진리일까? 다시 앞서 언급한 골프 얘기로 돌아가면 경기 결과 덩치 큰 선수가 경기에 졌다. 그것도 아주 큰 스코어 차이로! 경기 초중반까지는 서로 비슷하게 승패를 주고받더니 중반 이후부터 덩치 큰 선수가 급격하게 무너지면서 어이없게 승리를 헌납했다. 그 이후로 나는 18홀 내내 선수들의 걷는 모습만 살펴 봤다. 그랬더니 정말 신기하게도 한 선수가 버디를 기록한 다음의 걸음걸이와 실수를 해 파를 놓쳐서 보기나 그 이상을 한 다음의 걸음걸이가 확연히 다르다는 걸 확인할 수 있었다. 특히나 한 번 무거운 발걸음을 보이기 시작하면 좀처럼 그 걸음걸이에서 경쾌한 모습으로 되돌아 오기가 무척 힘들었다. 바로 해설위원에게 물어봤다.

"위원님, 진짜로 어딘가 걷는 게 무겁고 무기력해 보이면 경기력에도 영향이 있나 봐요? 멀쩡하던 친구가 어떻게 저리 확 무너지죠?"

"경기를 즐기라고 하잖아. 평소에 연습량이 뒷받침 돼야만 경기를 즐길 수 있겠지만 경기를 즐기는 사람은 발걸음이 무거울 수가 없어. 발걸음이 가벼운 사람이 얼굴 표정이 굳어질 수도 없는 거고. 그런 선수는 간혹 실수를 했다 해도 바로 회복할 가능성이 높거든."

"아. 그럼 좋은 기량을 가지고 있다고 해도 승패에 집착하거나 조금이라도 자신의 스윙을 믿지 못하면 발걸음이 가벼울 수가 없겠네요. 그러면서 점점 자기 자신을 수렁에 빠트리게 하는 거네요."

"그렇지. 뭐 골프만 그렇겠어? 인생이 다 그렇지. 그래서 일이 안 풀리거나 힘들고 지칠수록 더 뛰어 댕겨야 해!"

말로만 들었던 회복탄력성을 골프장에서, 골프 내공 40년의 해설위원으로부터 듣고 직접 확인할 줄이야.

마음이 무거워 발걸음이 무거워진 것까지는 괜찮다 쳐도 그 다음이 더 큰 문제다. 한 번 무거워진 마음과 발걸음은 시간이 지날수록 그 무게가 무거워져서 감당하기 힘겨워진다는 점이다. 실제로 걸음걸이와 이미지에 대한 연구 결과가 있긴 하지만 굳이 그런 사례를 들지 않더라도 상상만으로도 짐작이 가능하다.

발걸음이 가볍거나 발을 높이 들고 걷는 사람을 보고 있자면 저절로 '저 사람은 뭔가 좋은 일이 있나 보다' 혹은 '저 사람은 무슨 일이 생겨도 씩씩할 것 같다'는 이미지가 떠오른다. 반대로 생기가 없고 무기력하게 발을 질질 끌고 다니는 사람을 보면 뭔가 부정적인 이미지나 심하게 얘기하면 불행을 몰고 다니는 사람 같은 느낌마저 들지 않는가? 더 큰 문제는 그런 이미지가 평판이나 평가에까지 영향을 미칠 수 있다는 것이다.

살다 보면 좋은 일도 많고, 반대로 좋지 않은 일들도 많이 일어난다. 문제는 좋지 않은 일들이 나를 둘러쌓고 있다고 느끼는 순간이다. 뭘 해도 되는 일이 없고 안간힘을 써도 좀처럼 일이 풀리지 않을 때, 이런저런 상념으로 고민하지 말고 발걸음부터 바꿔보자.

사뿐사뿐 가볍게 걷는 모습은 그것을 바라보는 사람들에게도 경쾌한 느낌을 주지만 나에게도 한없이 많은, 상상하지도 못했던 긍정적인 에너지를 주입해 준다.

'지금을 견디고 나면 반드시 나에게 좋은 날이 올 것이다.'

'어려움에 대해 항상 이겨낼 수 있는 의욕이 넘친다.'

'실패한 것은 좌절이 아니라 성장의 밑거름이다.'

회복탄력성이 다른 것도 아닌 가볍고 경쾌한 발걸음에서 비롯될 수 있다. 무릎을 올리면 기분도 같이 올라간다.

08
새롭고 낯선 곳으로
일단 움직여라

#부정적_감정 #약한_마음 #정면돌파 #용기

쇼호스트의 수입은 TV홈쇼핑 채널마다 다소 차이가 있지만 대부분 출연료로 결정된다. 방송 횟수가 많으면 많을수록 수입도 그만큼 늘어난다. 방송이 많으면 몸이 바빠지고 피곤하겠지만 그만큼 자부심도 커진다. '내가 방송이 이렇게 많으니 나를 찾는 사람들도 많고, 더불어 내가 정말 잘나가는 사람이구나'라는 생각이 많은 수입보다 더 뿌듯하게 여겨진다.

반대로 방송이 점점 줄어들면 누구나 그렇듯이 조바심이 생기고 불안이 엄습한다. '내가 밀려나는 건 아닐까?'라는 생각이 들기 시작하면 걷잡을 수 없이 멘탈이 황폐화된다. 이런 과정이 생각보다 오래 지속되면 의도치 않은 슬럼프에 빠지게 되고, 방송 때 자신감도 현격하게 줄어든다. 그리고 사람을 만나는 것도 슬슬 피하게 되고, 약속도 좀처럼 잡지 않으면서 혼자 끙끙 앓게 된다. 그야말로 이러지도 저러지도 못하면서 전전긍긍하는 심리상태가 되고 이때부터는 외부요인보다도 스스로 자신을 부정적인 감정 상태로 더욱 몰아간다.

수입을 떠나 나를 찾는 사람이 점점 줄어든다는 생각처럼 무서운 게 없다. 굳이 쇼호스트라는 직업이 아니더라도 누구나 불안감이나 외로움, 분노, 의욕상실 같은 부정적인 감정 때문에 고민에 빠지는 경우가 있다. 이걸 어떻게든 해소하긴 해야 할 텐데… 쿨하게 이겨내서 자신감을 회복할 방법이 없어 고민이라면? 다행히 사람은 스스로 감정을 조절할 수 있는 능력이 있다. 부정적 감정에 바로 맞서는 정면돌파로 말이다.

* * *

김중혁의 소설《나는 농담이다》에서 부정적 감정을 이겨낼 수 있는 작은 힌트가 나온다. 아마추어 코미디언 송우영은 어머니의 유품을 정리하던 중, 어머니가 이복형인 이일영에게 쓴 편지들을 발견한다. 아이를 낳고 다른 사람과 결혼한 후 또 자식을 낳은 어머니가 떨어져 있는 맏아들에게 갖는 감정은 굳이 설명하지 않아도 알 수 있다. 그런데 직업이 우주비행사인 일영은 화성 탐사선에 몸을 싣고 떠난 후 복귀하지 못해 우주 미아 신세다. 그리고 일영의 어머니 정소담은 그 사실을 알고 우주에 떠돌고 있는 아들에게 편지를 쓰다가 슬픔을 이기지 못해 죽음을 맞게 된다. 이일영에게는 결혼을 약속한 여자 친구 강차연이 있는데, 송우영은 강차연에게 남자 친구 이일영에 대한 그리움과 사랑으로 가득찬 어머니의 편지를 전해 줄지 고민한다. 안 그래도 슬픔에 빠져 있는 강차연에게 편지를 주게 되면 강차연은 더더욱 슬픔에 빠지지는 않을까? 괜히 긁어 부스럼을 만드는 게 아닐까? 전해주지 않는다면 강차연이 어차피 만나지 못할 이일영을 잊는데 더 도움이 되지 않을까? 편지를 전해주러 가면서도 고민하고 있는 송우영에게 여자친구 제니가 이렇게 말한다.

"보여 주는 게 무조건 맞아. 걱정하지 마. 누군가 슬퍼할 거라는 이유 때문에 그걸 얘기하지 않으면 슬픔이 사라질 것 같아? 절대 아냐. 세상에 슬픔은 늘 같은 양으로 존재해. 슬픔을 뚫고 지나가야 오히려 덜 슬플 수 있다고."

"난 다른 사람의 마음을 잘 이해하기 힘들어요. 얼마나 슬플까, 얼마나 기쁠까, 대체 얼마나 아플까."

"당연하지 바보야. 당연한 거야. 그걸 이해할 수 있다고 떠드는 놈들이 사기꾼이야. 감정은 절대 전달 못 해. 누군가가 '슬프다'고 얘기해도, 그게 전달되겠어? 각자 자기 방식대로 그걸 받아들이는 거야. 진짜 아픈 사람은 자신이 아픈 걸 10퍼센트도 말 못 해. 우린 그냥…, 뭐라고 해야 하나, 그냥 각자 알아서들 버티는 거야. 이해 못해 준다고 섭섭할 일도 없어. 어차피 우린 그래. 어차피 우린 이해 못하니까 속이지는 말아야지. 위한답시고 거짓말하는 것도 안 되고, 상처 받을까봐 숨기는 것도 안 돼. 그건 다 위선이야."

부정적 감정을 없애는 나만의 부적 만들기

나에게 들어온 부정적인 감정들도 마찬가지다. 슬픔이든 외로움이든 분노든 불안이든 그 감정을 정면으로 받아들이고 맞서는 용기가 필요하다. 그 약한 마음에 맞서서 무엇이든 행동해야 한다. 아무것도 행동하지 않으면 약한 마음은 더더욱 약해지고 스스로를 수렁에 빠지게 한다. 이런 악순환을 끊기 위해서는 삶의 어딘가에서 '행동하는 것'을 선택해야 한다. 경영 컨설턴트로 유명한 한근태의 강의를 들은 적이 있다. 그때 그가 '운(運)'을 만드는 방법에 대해 설명한 적이 있다.

"운(運)이 어떻게 만들어지는지 아세요? 이 운이란 게요. 한자를 풀어보면 그대로 방법이 나옵니다. 잘 보세요. 차(車) 자가 보이죠? 예전에는 이 글자가 군대라는 의미였습니다. 그리고 좌변에 辶(갈 착)이 보이죠? 그 다음 군대(車) 위에 민 갓머리(冖)가 있습니다. 결국 이런 뜻이에요. 운이란 '머리(冖)를 써서 군대(車)를 이리저리 움직이도록(辶) 하는 것'입니다. 운을 부르려면 무조건 움직이세요. 답답하거나 우울하거나 외로울 때, 그리고 슬프거나 화가 나서 좀처럼 부정적인 감정이 사라지지 않을 때는 무조건 낯설고 새로운 것을 경험해야 합니다. 그러기 위해서는 일단은 움직여야 하잖아요. 그래야 새롭고 긍정적인 운(運)을 만들 수 있습니다. 가장 답답하고 운이 없는 사람은 '집에 틀어 박혀 있는 사람'이에요."

부정적 감정이 지어 놓은 집안에만 있으면 들어올 복도 차버리게 된다. 프로이트도 '갈 데 없는 마음의 에너지가 불안으로 연결되기 쉽다'[*32]고 말했다. 행동하지 않으면 한층 더 불안해 지고 마음이 약해진다. 그리고 마음이 유약한 사람들은 아무런 행동도 하지 않는다.

나도 사람인지라 수시로 이런저런 부정적인 생각들 때문에 괴롭고 힘들 때가 많다. 그럴 때마다 내 나름대로의 치료방식은 '국립도서관'에 가는 것이다. 그곳에 가서 책과 씨름하고 있는 수많은 사람들을 가만히 보고 있자면 '내가 멍 때리는 시간에 이렇게 열심히 책을 보는 사람들이 있구나…'

라는 생각에 나도 모르게 힘이 솟는다. 그리고 자연스럽게 관심이 가는 책을 골라 책상에 앉아 집중하게 된다.

직업에 대한 회의감으로 유난히 힘들었던 어느 가을, 지푸라기라도 잡는 심정으로 도서관을 찾았는데 포스터가 눈에 띄었다. 신달자 시인의 특강 '내 인생에 힘이 되어준 말들'이었다. 평소 성격으로는 그냥 지나쳤을 텐데, 이날은 무슨 생각이 들었는지 강의장를 물어물어 찾아갔다. 막상 가니 어색하기 그지 없었다. 처음 보는 사람들, 특히나 강의장에는 거의 모두 나보다 연세가 훨씬 높은 '어르신'들이었다. '그냥 책이나 볼 걸 괜히 왔나…'라는 생각도 컸지만 일단 꾹 참고 신달자 시인의 특강을 들었는데 거기서 진짜로 나의 부정적인 감정을 한 방에 무너뜨리는 큰 말씀을 들었다.

신달자 : 선생님~ 선생님의 대표작은 《나그네》인가요? 제가 이렇게 박
목월 선생님께 여쭈었습니다. 그러자 선생님은….

박목월 : 아이다! 내 대표작은 오늘 밤에 나올 끼다!

신달자 : 그 이후 '오늘 밤'이란 낱말은 나의 살과 뼈가 되었습니다.

그날 이후 나 역시 '오늘 밤'에 책을 읽는 날과 '오늘 밤'에 글을 쓰는 날이 많아졌다. 그리고 조금씩 부정적인 감정이 활력으로 바뀌기 시작했다.

부정적인 감정이 나를 공격할 때에는 깨질 때 깨지더라도 무조건 정면으로 부딪혀 이겨내야 한다. 부딪혀 이겨내는 방법 중 가장 효과적인 방법은 바로 '새롭고 낯선 곳으로 일단 움직여라'이다. 누구에게도 의지하려 하지 말고, 미리 결과를 생각하지도 말고 무작정 나가서 움직여라. 나에게 이런 명령을 내리는 순간이 운이 극적으로 바뀌는 터닝포인트가 될 수 있다.

09
남들과 다른 삶을 살고 싶다면
글을 써보자

#정신단련 #멘탈_피트니스 #책읽기 #글쓰기

셋째는 평생 가는 좋은 습관을 물려주는 일이다.

자기 앞가림을 자기 스스로 해나가는 습관과

채식 위주로 뭐든 잘 먹고 많이 걷는 몸 생활과

늘 정돈된 몸가짐으로 예의를 지키는 습관과

아름다움을 가려 보고 감동할 줄 아는 능력과

책을 읽고 일기를 쓰고 홀로 고요히 머무는 습관과

우애와 환대로 많이 웃는 습관을 물려주는 일이다.

박노해의 「부모로서 해줄 단 세 가지」*33라는 시의 마지막 연이다. 무엇

하나 쉬운 습관이 없다. 나를 돌아보고 정비할 시간이 필요한데 나를 둘러싼 환경은 그렇지 않다. 사회 전체가 오로지 전진과 성장만을 강조하고 있고, 당연히 항상 전진해야 한다는 압박이 나를 괴롭힌다. 더구나 항상 남들을 의식하면서 살아야 하는 것도 고문이다. 뭐든 남들보다는 앞서진 못해도 따라는 가야 한다.

'너도 하면 나도 한다.'

'남들도 하는데 나라고 못할 소냐.'

'남들만큼만 하면 적어도 손해는 보지 않는다.'

이런 심리가 우리를 더욱 힘들고 지치게 한다. 그래서 성과사회, 전진사회의 대가로 스트레스는 만성화됐고, 여기서 더 나아가 우울증, 만성피로, 각종 행동장애 등은 흔하게 경험할 수 있는 증상이 되고 있다. 사정이 이렇다 보니 '신체단련(physical fitness)뿐 아니라 정신단련(mental fitness)도 필요한 시대'라는 얘기도 나오고 있다.[*34]

이런 환경에서도 우리는 스스로를 너무나 이기적으로 사랑한다. 아무리 시끄러운 곳에 있어도 어디선가 내 이름을 부르는 소리는 기가 막히게 들린다. 내가 아무리 못났다 할지라도 그래도 나는 내 또래 평균보다는 상식적이고 합리적이며 객관적인 판단을 하는 편이라고 믿는다. 거기에다 그들보다 심지어 동안이라고 굳게 믿는다. 남이 하면 불륜이지만 내가 하면 로맨스라고 철석 같이 믿고 산다.

우리는 이렇게 나 자신을 끔찍하게 아끼고 사랑하면서 사는데 정작 스스로를 관리하는 방법은 제대로 모른 채 오로지 앞만 보면서 심신을 함부로 굴리며 살고 있다. 그래서 멘탈 피트니스가 아주 중요하고 필요한 것은 알겠는데 구체적인 방법은 모른다. 정답은 아니지만 의외의 답이 조정래의 소설《풀꽃도 꽃이다》에 숨어 있었다.

* * *

강교민은 친구 유현우에게서 갑작스럽게 만나자는 연락을 받았다. 유현우에게는 중3인 아들이 있다. 그런데 유현우 부부가 다른 학부모로부터 아들이 공부스트레스를 이기지 못해 큰일을 저지를지 모르니 대책을 세우라는 충고를 듣고는 큰 충격을 받은 상태였다. 부부는 충격에 빠진 상태로 아들의 방을 뒤지다 노트북을 발견했는데 그 노트북 안에서 웬만한 소설보다 긴 아들의 글이 발견됐다. 그 글의 내용은 엄마에 대한 불평불만으로 가득찬 내용뿐이었다. 이 글을 본 엄마는 억울함과 서운함을 이기지 못하고 아들에게 불같이 화를 내고, 아빠는 이러지도 저러지도 못하다 선생님인 강교민을 찾은 것이다. 남들에게 뒤지지 않게 하기 위해 공부만 닦달한 엄마, 일하느라 아들과 변변한 대화조차 하지 못했던 아빠, 노트북에 엄마에 대한 불만을 잔뜩 써왔던 아들. 어떻게 보면 답이 없을 것 같은 상황인데 강교민은 아들이 똑똑하다고 말하고 그 말에 어안이 벙벙한 유현우에게 의외의 말을 한다.

"그 글쓰기 행위가 자네 아들을 위기로 치닫지 않도록 막아내고 보호해 준 거라고."

"……?"

"자네 '공감력'이라는 거 알잖아. 어떤 암담하고 절망적인 일을 당했을 때 누군가에게 그 속마음을 맘껏 털어 놓고 하소연하면 그래도 좀 살 기운을 차리게 된다는 거."

"그렇지. 그래서 내 속상한 얘기 진정으로 들어줄 사람만 있어도 친구 갖기에 성공한 인생이라고 흔히들 말하잖은가?"

"그래. 그런 식의 가장 효과 큰 치유방법이 천주교의 고해성사 아닌가. 그저 가까운 보통사람이 아닌 신부님께, 그것도 비밀이 완전 보장된다는 확신 속에서 자기 속마음을 후련하게 다 토해내는 거야. 그것으로도 속이 시원하고 살 것 같을 텐데 또 하나의 큰 선물이 주어지는 거지. 어린 양이여, 괴로워 하지 말라. 너의 죄를 거룩하신 하느님의 이름으로 사하노라. 어쩌면 이보다 더 기막힌 정신치료는 없지 않을까 싶어. 만약 말이야. 천주교에서 고해성사를 없애버리면 어떻게 될까?"

"……? 그러면… 그거… 교인이 확 줄어버리지 않을까?"

"정답이야. 모르면 몰라도 천주교의 위기가 닥치겠지. 아무리 생각해도 그 고해성사란 제도는 어떤 탁월한 천재의 발명품이야. 다시 말하면 자네 아들은 노트북에다 오랫동안 긴 글을 써나가는 것으로 고해성사를 대신하고, 자기에게 공감해 주는 누군가에게 속마음을 하소연하면서 자기 스스로를 구해낸 것이라구. 그러니 얼마나 똑똑해."

책 속에 길이 있고, 글쓰기에 답이 있다

+

다른 건 몰라도 글을 쓰게 되면 자연스럽게 거기에 집중하게 되고 몰입까지 하게 된다. 그리고 그 본인의 글을 다시 보면서 잠시라도 사색을 경험하게 된다. 자연스럽게 박노해의 시처럼 무언가를 쓰고 홀로 고요히 머무는 습관을 들이게 된다. 세상에서 가장 사랑하는 사람이 나라면, 그 사람이

거친 세상에서 흔들림과 괴로움 없이 꿋꿋하게 살아가길 원한다면 글쓰기를 통해 몰입과 사색의 습관으로 인도하는 것이 어떨까?

멘탈 피트니스 하면 뭔가 어려워 보이지만 글쓰기라고 하면 만만해 보인다. 하지만 그 효과는 피트니스 그 이상이다. 글쓰기의 효과에 대해 미심쩍어 하는 분을 위해 전문가의 말을 빌어 글쓰기 습관의 위대함을 살짝 소개한다.

'누구나 창의적으로 살고 싶어 한다. 자신이 잘하고 싶은 분야에서 성취와 보람을 느끼며 행복하게 살고 싶어 한다. 누구든 창의적인 자신의 삶을 살 수 있다. 단, 여기에는 한 가지 조건이 붙는다. 스스로를 돌아보고, 생각을 하고, 글로 쓰고, 사람을 만나며, 자신의 일상을 흔들어야 한다. 그런 노력을 할 때 오늘 하루가 바뀌고, 내일이 달라질 수 있다. 일상이 바뀌어야 인생이 바뀐다. 창의성의 근간은 '몰입'이다. 그 몰입은 그 일을 좋아하기 때문이다.'[35]

남들과 비교하며 사는 것이 아닌 남들과 다른 삶을 살고 싶다면? 책 속에 길이 있고 글쓰기에 답이 있는 것이 아닐까!

마 치 며

사회학자인 김정운은 그의 저서《에디톨로지 – 창조는 편집이다》[*36]에
서 '좋은 지식의 기준은 '편집 가능성'에 있다. 현재진형형의 세계와 상호
작용하며 변화를 가능케 하는 주체적 행위가 가능한 지식이 좋은 지식이
다. 편집 가능성이 있는 지식이 좋은 지식인 것이다'라고 밝힌 바 있다.

이 책은 '소설'이라는 문학 장르에 '커뮤니케이션'을 접목하여 일종의 편
집을 시도한 결과물이다. '소설' 속에 나오는 다양한 갈등장면을 부각하여
소개하고 이런 상황을 슬기롭게 혹은 극적으로 극복하기 위한 커뮤니케이
션 이론들을 접목해 보았다. 어느 장면에서는 그 장면 그대로 그 어떤 이론
서에서도 발견하지 못할 훌륭한 예시가 그대로 반짝였고, 또 어느 장면에
서는 애타는 마음으로 갈등에서 헤어나지 못하는 등장인물의 고뇌와 고통
을 지켜봐야만 하는 장면도 있었다.

소설은 '읽는다'는 행위 자체만으로도 간접체험을 통해 독자들에게 많
은 인격적인 수양을 쌓게 해준다. 그런 의미에서 본다면 소설의 어느 한 부
분만을 발췌한다는 것이 소설 전체가 가지고 있는 매력을 반감시키거나

큰 의미를 훼손하는 것은 아닐까 하는 조바심과 걱정도 있었다. 하지만 모 뉴스 프로그램의 앵커가 만들어 낸 유행어 '한 걸음 더 들어가 보겠습니다' 처럼 이론만으로 존재해서 우리의 생활에 쉽게 스며들지 않았던 각종 커 뮤니케이션 이론들과 연계해 바라보니 소설은 소설대로 흥미와 호기심이 늘어나 생동감을 부여할 수 있었고, 딱딱하기 이를 데 없었던 이론들은 자 연스럽게 일상생활에 접목이 가능하게 되었다.

글을 쓰면서 인용한 소설들은 외국 소설은 배제하고 전적으로 한국 소 설만을 대상으로 삼았다. 지명도와 판매고가 높은 일부 외국 소설을 소개 할 수도 있었지만 '우리만이 가지고 있고 느낄 수 있는 한국인의 정서를 있 는 그대로 사실적으로 묘사할 수 있어야 한다'는 나만의 생각을 바탕으로 한국 소설만을 소개하는 것을 원칙으로 삼았기 때문이다.

김정운의 말처럼 '창조의 근원은 편집에서 출발한다'는 관점으로 봤을 때, 최소한 이 책은 형식적으로나마 어느 정도 의미는 찾을 수 있다고 자평 한다. 그러나 '현재진행형의 세계와 상호작용하며 변화를 가능케 하는 주 체적 행위가 가능한 지식이 좋은 지식이다'라는 말처럼, 이 책이 좋은 지식 을 담아내고 있는 좋은 책이라고 감히 말은 못하겠다. 그것에 대한 판단은 독자 분들이 결정하는 것이기 때문이다.

아무쪼록 이 책이 나 자신을 보다 더 정확하게 알고, 또 나를 둘러싼 각 각의 사람들에 대해 조금 더 깊이 이해하고 파악할 수 있는 작은 밀알이 되 었기를 감히 바랄 뿐이다.

문석현

책 속에서 인용한 소설

CHAPTER 1 왜 남자와 여자는 말하는 법이 다를까?

1. 이혜린, 《열정, 같은 소리 하고 있네》, 소담출판사, 2010

2. 장강명, 《한국이 싫어서》, 민음사, 2015

3. 김애란, 《두근두근 내 인생》, 창비, 2011

4. 정이현, 《달콤한 나의 도시》, 문학과지성사, 2006

5. 은희경, 《행복한 사람은 시계를 보지 않는다》, 창비, 2000

6. 김중혁, 《나는 농담이다》, 민음사, 2016

7. 한은형, 《거짓말》, 한겨레출판, 2015

8. 박현욱, 《아내가 결혼했다》, 문학동네, 2014

9. 천명관, 《이것이 남자의 세상이다》, 예담, 2016

10. 정아은, 《모던 하트》, 한겨레출판, 2013

11. 장강명, 《한국이 싫어서》, 민음사, 2015

CHAPTER 2 어떻게 하면 상처주지 않고 말할 수 있을까?

1. 문유석, 《미스 함무라비》, 문학동네, 2016

2. 김두식, 《욕망해도 괜찮아》, 에세이, 창비, 2012

3. 정아은, 《잠실동 사람들》, 한겨레출판, 2015

4. 문유석, 《미스 함무라비》, 문학동네, 2016

5. 박주영, 《백수생활백서》, 민음사, 2006

6. 이혜린, 《열정, 같은 소리 하고 있네》, 소담출판사, 2010

7. 이혜린, 《열정, 같은 소리 하고 있네》, 소담출판사, 2010

8. 정아은, 《잠실동 사람들》, 한겨레출판, 2015

9. 정길연, 《우연한 생》 '자서, 끝나지 않은', 은행나무, 2015

10. 최수영, 《하여가》, 새움, 2014

11. 조남주, 《82년생 김지영》, 민음사, 2016

12. 신경숙, 《어디선가 나를 찾는 전화벨이 울리고》, 문학동네, 2010

13. 정이현, 《달콤한 나의 도시》, 문학과지성사, 2006

CHAPTER 3 어떻게 하면 저 사람과 친해질 수 있을까?

1. 편혜영, 《선의 법칙》, 문학동네, 2015

2. 김애란, 《두근두근 내 인생》, 창비, 2011

3. 이석원, 《실내인간》, 달, 2013

4. 조정래, 《풀꽃도 꽃이다》, 해냄, 2016

5. 최민석, 《능력자》, 민음사, 2012

6. 정아은, 《모던하트》, 한겨레출판, 2013

7. 정이현, 《달콤한 나의 도시》, 문학과지성사, 2006

8. 장강명, 《한국이 싫어서》, 민음사, 2015

9. 장강명, 《한국이 싫어서》, 민음사, 2015

10. 고윤규, 《트렁커》, 뿔, 2010

11. 도선우, 《스파링》, 문학동네, 2016

12. 이홍, 《걸프렌즈》, 민음사, 2007

13. 옥성호, 《서초교회 잔혹사》, 박하, 2014

14. 조정래, 《풀꽃도 꽃이다》, 해냄, 2016

CHAPTER 4 어떻게 하면 멋진 나를 보여줄 수 있을까?

1. 옥성호, 《서초교회 잔혹사》, 박하, 2014

2. 장강명, 《댓글부대》, 은행나무, 2015

3. 권여선, 《안녕 주정뱅이》 '실내화 한 켤레', 창비, 2016

4. 백영옥, 《애인의 애인에게》, 예담, 2016

5. 장강명, 《우리의 소원은 전쟁》, 예담, 2016

6. 최민석, 《능력자》, 민음사, 2012

7. 최민석, 《능력자》, 민음사, 2012

8. 김중혁, 《나는 농담이다》, 민음사, 2016

9. 조정래, 《풀꽃도 꽃이다》, 해냄, 2016

참고문헌

*1 김영하, 《읽다》, 문학동네, 2015

*2 이정숙, 《눈치 없는 남자, 속 좁은 여자》, 랜덤하우스코리아, 2009

*3 존 그레이, 바버라 애니스, 《직장에서 만난 화성남자 금성여자》, 나선숙 역, 더난출판사, 2015

*4 이정숙, 《눈치 없는 남자, 속 좁은 여자》, 4-5쪽, 랜덤하우스코리아, 2009

*5 이정숙, 《눈치 없는 남자, 속 좁은 여자》, 284쪽, 랜덤하우스코리아, 2009

*6 '사랑의 콩깍지 씌우는 페닐에틸아민', 《브레인미디어》 2012.10.6.

*7 크리스 페일리, 《왜 우리는 생각에 속을까》, 엄성수 역, 인사이트앤뷰, 2015

*8 이재준, 《스마트 토크》, 리더북스, 2014

*9 존 그레이, 바버라 애니스, 《직장에서 만난 화성남자 금성여자》, 나선숙 역, 더난출판사, 2015

*10 '확증적 편향(confirmation bias)', 〈시사상식사전〉, 박문각

*11 로버트 차일디니, 《설득의 심리학》, 황혜숙 역, 21세기북스, 2013

*12 대니얼 카너먼, 《생각에 관한 생각》, 이진원 역, 김영사, 2012

*13 '사랑과 미움은 한끗 차이' 뇌 과학이 증명', 〈코메디닷컴〉, 2008.10.29.

*14 마르코사, 《검은 심리학》, 김정미 역, 그리고책, 2015

*15 '면접', 나무위키

*16 비키 쿤켈, 《본능의 경제학》, 135쪽, 박혜원 역, 사이, 2009

*17 우에키 리에, 《간파하는 힘》, 홍성민 역, 티즈맵, 2013

*18 김남인, 《회사의 언어》, 76쪽, 어크로스, 2016

*19 차동엽, 《천금말씨》, 교보문고, 2014

*20 '손은 제2의 뇌다', 《한겨레》, 1998.11.16.

*21 우에키 리에, 《간파하는 힘》, 95쪽, 홍성민 역, 티즈맵, 2013

*22 강준만, 《생각과 착각》, 인물과사상사, 2016

*23 강준만, 《독선 사회》, 26-27쪽, 인물과사상사, 2015

*24 우에키 리에, 《간파하는 힘》, 홍성민 역, 티즈맵, 2013

*25 '[손혁의 시행착오] 코치는 마운드에서 무슨 말을 할까', 〈네이버스포츠〉, 2016.12.30.

*26 '[문유석 판사의 일상有感] 전국의 부장님들께 감히 드리는 글', 〈중앙일보〉, 2017.01.10.

*27 대니얼 카너먼, 《생각에 관한 생각》, 이진원 역, 김영사, 2012

*28 '당 대표지만 청와대 수석 같은 '당무수석' 이정현', 〈정치 BAR, 한겨레〉, 2016.9.28.

*29 '[이영완의 사이언스 카페] 손 씻으면 罪의식도 씻긴다', 〈시니어 조선〉, 2012.7.18.

*30 양귀자, 《모순》, 쓰다, 2013

*31 나히토 요시히토, 《쎄 보이는 기술》, 100쪽, 신주혜 역, 지식여행, 2014

*32 나히토 요시히토, 《쎄 보이는 기술》, 148쪽, 신주혜 역, 지식여행, 2014

*33 박노해, 《그러니 그대 사라지지 말아라》, 느린걸음, 2010

*34 '아직도 헬스클럽만? 일상 속 '정신단련'으로 스트레스 날려라', 〈비즈N헬스〉, 2017.4.3.

*35 최인수, 《창의성의 발견》, 251쪽, 쌤앤파커스, 2011

*36 김정운, 《에디톨로지》, 21세기북스, 2014